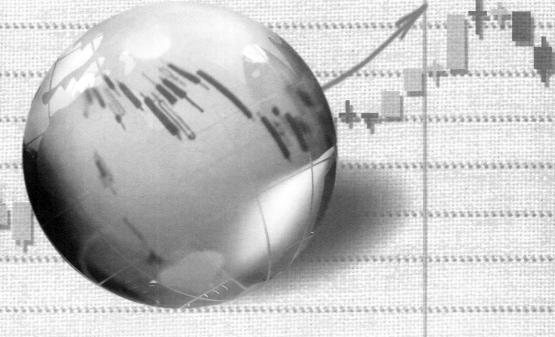

投資達人

學習誌

VOL.**02**

C O N T E N T S

COVER STORY

出現了這樣的圖形，接下來

多？空？

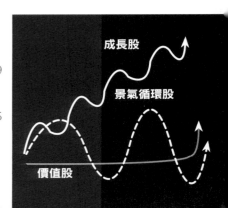

要賺這一波，先搞懂這個！

美國經濟十項指標

台股與美國經濟高度連動

《特別企劃》

美國經濟影響國內股市不在話下，掌握美國經濟動向最直接的方式就是參考其經濟指標。

那麼多的經濟指標那個比較重要？

那些比較即時？

投資達人挑選出影響投資最重要的前十項。搞懂這些指標，為你的投資收益更上一層！

① Nonfarm payroll employment

非農業就業人數變化

對金融政策影響大，即時反應性高

- 發表機關：美國勞工統計局
- 發表週期：每個月第一個星期五公布前一個月的統計資料
- 報告的內容來自：
  ①家庭調查；②機構調查。

① 家庭調查是由美國普查局進行當期的人口調查，勞工統計局（BLS）再統計出失業率。

② 機構調查資料（也稱薪資調查Payroll survey），是由勞工統計局與州政府的就業安全機構合作彙編，樣本包括約38萬個非農業機構。

由於失業率並不包含沒有實際找工作的工

齡人口，無法準確反映就業狀況。所以很多經濟觀際家傾向觀察的標的是有著「同步指標」的實際非農業就業人口，而非失業率。

再者，因為公布時間是月初，可當做月經濟指標的基礎，是推估工業生產與個人所得的重要依據。

以2009年3月為例，包含該月已連續四個月非農業就業人口減少超過60萬人。與堪稱「大蕭條以來最嚴重」的前兩次衰退相比，此波經濟風暴對就業市場的打擊要慘重的多。自2007年12月的高峰迄今，美國非農業就業人口大減510萬人（或3.7％）。

② Gross Domestic Product

美國GDP成長率

衡量經濟最重要的指標

- 發表機關：美國商務部
- 發表週期：每年的1、4、7、10月

GDP代表一國國內人民在某一單位時間，生產的所有最終商品和勞務的市場價值。在美國GDP是每季數據，但以月份為基礎。其中估計值先行（Advance）報告公布於當季結束後的第一個月內。但這份報告屬於預估性質為

圖1　美國非農業就業人口數變化　　　　　　　　　（單位：千人）

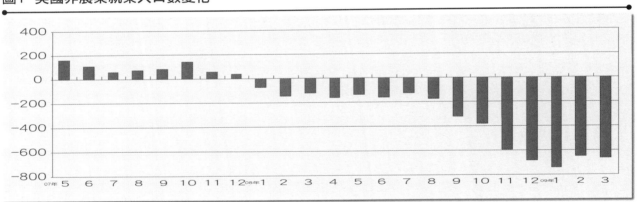

圖2　S&P500與國內大盤　（圖片來源：XQ全球贏家）　　　　（時間：07.05～09.04）

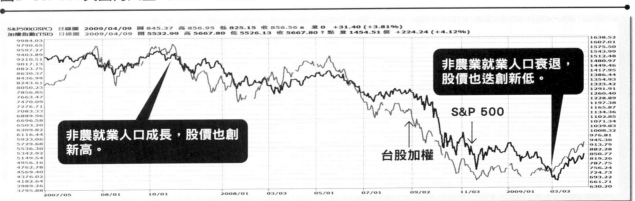

不完整資料，會於接下來兩個月內公布初步的（Preliminary）與修正的（Revised）估計值。

GDP的變動顯示整個經濟體系的變化，是觀察長期景氣的重要指標。其觀察方式應著重於相對變化，而不是絕對數字，因此，在依據這項指標做景氣分析時，應以一系列的數字為景氣循環的分析。

③ Consumer Price Index，CPI
消費者物價指數

與利率調漲或調降有很高相關性

- 發表機關：美國勞工統計局
- 發表週期：每月第三個星期公布資料。

消費者物價指數（CPI）由消費者立場衡量財貨及勞務的價格。

CPI指數上揚，意味著在相同所得水準下，民眾購買力將隨物價上揚而下降，影響層面相當廣泛，因此各國央行皆以控制通膨作為重要的政策目標之一。

CPI指數的計算方式是，就消費者的立場，衡量一籃子固定財貨與勞務的價格。在實際應用上，CPI指數是很重要的通膨指標。

分析師通常會根據指數相較於上月及去年同期的變動，以判斷通貨膨脹的狀況。另外，分析師也會觀察去除食物及能源後的核心PPI（core PPI）指數，以正確判斷物價的真正走勢（因為食物及能源價格受到季節及供需的影響波動劇烈）。

由於CPI是市場相當重視的通膨指標，因此數據的公布往往具有很大影響力。

一般來說，較高的通貨膨脹率將使得證券收益下降，因此CPI若是上揚，對於股市而言不是好消息。尤其在景氣循環高峰，若出現通膨可能升溫的徵兆，各國央行通常會採取緊縮貨幣政策以防止景氣過熱，這對於投資市場更是大利空。

④ Federal Funds Rate
美國聯邦基金利率

直接影響股價與通貨

- 發表機關：美國聯邦儲備理事會FRB

聯邦基金利率就是美國銀行間的隔夜拆款利率，代表的是短期市場利率水準，通常FOMC會對聯邦基金利率設定目標區間，透過公開市場操作以確保利率維持在此區間內。

首先，先理解一個公式「名目利率－通貨膨脹率＝實質利率」，假設現在名目利率是5％，通貨膨脹率是3％，兩者相抵的結果實質利率只有2％。美國聯儲會（FRB）最主要的工作就是維持經濟的成長與調節通貨膨脹，也就是發現通貨膨脹已經很高了，就會適當的調高利率讓實質利率維持在一定的水準；但利率調太高也不行，利率高意味著企業或個人取得資金的成本貴，就會影響經濟的發展，因此，簡單的結論就是當美國聯儲會希望經濟成長好就會採取降低利率的策略以刺激經濟；若是要打擊通貨膨脹就調高利率。

在金融海嘯期間美聯儲決定將聯邦基金利

率維持在歷史最低點零至0.25％不變，並表示將利用一切可能的工具來促使經濟復甦。

用常理也能判斷，美聯儲在金融危機仍未解除之前很難宣布上調利率，所以，只要美聯儲宣布利率維持不變時，股價就可能以上漲回應。

美聯儲運用利率以拯救美國經濟的能力可能將達到極限，因為利率已經到了降無可降的地步，他們現在最重要的任務是一面採取各種行動防止經濟蕭條，並要想辦法避免通貨緊縮。

⑤ WTI

原油價格

原油價格上升→預期物價上升→利率上升→股價下降

- 發表機關：美國西德克薩斯輕質原油
- 發表週期：隨時更新

WTI是美國西德克薩斯輕質原油，所有在美國生產或者銷往美國的原油都是以它為作價機制。原油價格影響全球經濟動向重要性不在話下，原則上，當原油價格上升，工廠的進貨

圖3 美國聯邦基金利率　　　　　　　　　　　　　　　　（時間：07.08～09.04）

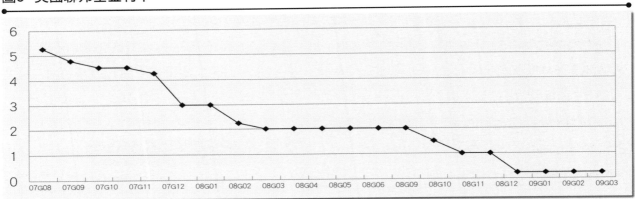

圖4 S&P500與國內大盤 （圖片來源：XQ全球贏家）　　　　　　（時間：07.08～09.04）

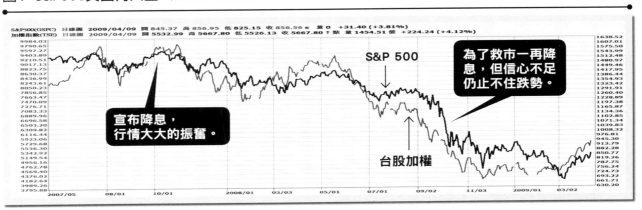

成本就會上升,所以可以預期物價上升,有關當局為抑制物價上升造成通貨膨脹,而傾向採取高利率政策,就可能導致股價下跌。而另一種油價與股價相關性的邏輯是油價上升→企業成本增加→企業收益減少→股價就可能下跌。

由以上兩種推演方式,只要是油價上漲都隱含著股價下跌的可能性。但也不完全如此,景氣極低迷時,油價若也極低,代表著大家對石油的需求還是很低,如此景氣復甦無望,反而會更加速股價趕底,所以,油價與股價的關連性還是要配合整體景氣狀況研判。

以近來的油價為例,油價從145美元,短期內跌到38美元,再反彈到70元,如此大的震盪行情用過去油價漲跌標準來判斷未來股價走向並不容易,唯一可以肯定有關連性的是當油價處於低檔,綠能(如太陽能)類股股價就很難漲得起來,因為太陽能取代原油成為替代能源就沒有其迫切性。

如之前西班牙政府一方面是因為財務困難,二方面是因為油價處於低檔,為此大幅的將太陽能發電量補助上限由1,200MW(百萬瓦)下修至300MW,整體產業將損失7,650億元(160億歐元)的潛在投資金額,全球太陽能股也因此股價備受壓抑。

⑥ Housing Start
房屋開工率月增戶數

市場領先指標,開工率高景氣上升

· 發表機關:商務省
· 發表週期:每月的16日至19日間公布統計資料。

房屋開工率指的是每個月自有住宅的開工數量,是投資市場相當重視的領先指標。

房屋購買對於一般消費者是相當大且重要的支出,因此購屋計畫可視為消費者對於未來景氣預測的前哨站。

因房屋的建置有助於帶動相關耐久財如家具及家用品等的需求,故是一項影響廣泛的領先指標。

值得注意的是房屋開工受氣候影響很大,在嚴寒的冬季月份可能劇烈下降,所以,可以採取「和去年同月份相比」的方式分析。另一個變數是利率,即貸款利率越低,民眾購屋意願就越高,從而使得房屋建築活動熱絡,促使開工率上升。房屋產業對於總體經濟相當重要,當房屋開工率持續下降,經濟將陷入萎縮甚至衰退。

⑦ Durable Goods Orders
耐久材訂單月增率

時效性強,代表製造業的領先指標

· 發表機關:商務部
· 發表週期:每月中公布前月耐久財訂單資料,次月初公布非耐久財資料(工廠訂單),同時對先前公布耐久財提出修正。

什麼是「耐久財」?
這裡指的是使用壽命超過三年的財產或貨品,像是國防設備、飛機等運輸設備、企業機

器等資本設備，也包括一般消費性耐久財如汽車，家電用品等。

耐久財訂單的數字，是製造業出貨、存貨及新訂單報告裡重要項目，也是製造業景氣的領先指標。原因在於非耐久財（如食品，衣物等）的需求變動不大而且容易預測，因此真正值得注意並影響製造業景氣的是耐久財部分。耐久財中，國防等相關設備在GDP中屬於政府投資，民間企業機器設備等支出屬於私部門投資中的資本設備投資，一般消費性耐久財則屬於『消費』裡的耐久財消費項目；因此耐久財的變動狀況，對GDP的表現有很大影響。

製造商在擬定生產計劃前須先有訂單，因此耐久財訂單能用來預測製造業生產變化及景氣波動而受市場關注。通常美國商務部會在每月月中率先公布前一個月耐久財訂單資料，於次月月初公布非耐久財資料（即工廠訂單），同時對先前公布的耐久財部分做出修正，因此耐久財訂單也是一項時效性很高的統計數字。

由於這項數據波動劇烈，且通常會在隨後公布的工廠訂單報告中做出大幅修正，應用上必須特別注意。耐久財訂單波動劇烈的原因來自於國防及運輸設備（如航空公司訂製飛機）等金額龐大訂單的增減，很輕易便能造成當月

圖5 美國耐久材訂單月增率 （時間：2007.5～2009.4）

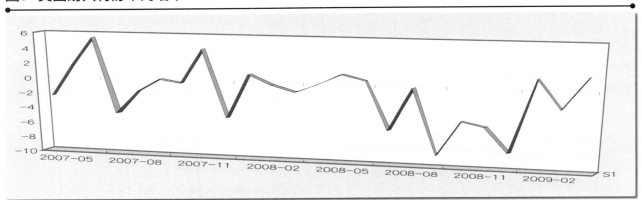

圖6 S&P500與國內大盤 （圖片來源：XQ全球贏家） （時間：07.06～09.06）

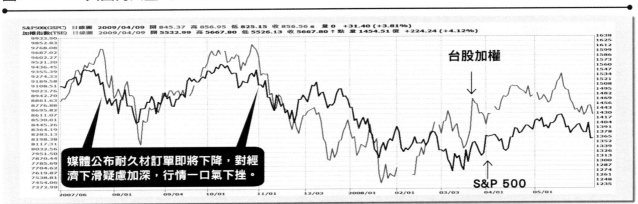

訂單大幅波動。因此分析師在分析這項數據時往往會把波動劇烈的國防及運輸設備項目忽略不計，或利用其移動平均值來觀察趨勢。

由於這項數據相當難以預測，且波動幅度劇烈，因此在公布的時候常出乎意料，而造成市場激烈反應。

⑧ Purchase Management Index
ISM製造業採購經理人指數

具市場影響力的經濟指標

- 發表機關：供應管理協會（ISM）
- 發表週期：每月第一個營業日美東時間早上10點公布

美國供應管理協會（ISM）是全球最大的採購、供應、物流管理領域的專業組織機構。該協會成立於1915年，其前身是美國採購管理協會（the National Association of Purchasing Managers of US.，NAPM）。

ISM指數編製，是直接調查超過250家產業公司採購經理人所得出，調查範圍包括50個州21個產業。受訪的採購經理就生產（Production）、新訂單（New orders）、雇用狀況（Employment）、供應商交貨速度（Supplier Deliveries）、存貨（Inventories）、客戶存貨（Customers' Inventories）、原物料價格（Prices）、未完成訂單（BacKlog of Orders）、新出口訂單（New Export Orders）、原物料進口（Imports）等十個範圍回答問卷，以增加、減少、不變的方式來表達意見；其中『生產』項可以預測工業生產；『商品價格』項用以預測生產者物價指數（PPI）；『新訂單』用以預測工廠訂單；『就業』用用以預測製造業就業情況，而『賣方業績』更是領先指標組成項之一。因此，ISM指數資料相當即時，組成項目也具有領先特性，故被視為最重要的製造業指標之一。

ISM的應用為當指數超過50時，代表製造業擴張，當指數低於50，則代表製造業景氣趨緩，關鍵指數42.4則被經濟學家視為製造業陷入衰退的臨界值；而指數與50之間的差距，則代表擴張或衰退的幅度。由於可用來預測ISM指數的資料實在太少，很少經濟學家會就此指標預測，所以ISM指標公布時往往引起市場的激烈反應。

在景氣衰退時期，ISM指數上揚象徵景氣復甦，股市可能因此大漲，但也可能使得利率因此無法調降反而引發股市下跌。所以，當利率處於低檔，ISM上揚被視為利多；但若其他指標顯示景氣過熱，投資人擔心利率可能進一步上揚，強勁的ISM指數反而會被視為利空。

⑨ Unemployment
失業率

景氣落後指標，為通膨判斷材料

- 發表機關：美國勞工部
- 發表週期：每個月第一個星期五公布上月的統計

就業報告是美國勞工部（Labor Department）按月進行的就業統計調查結果。這項調查分為家

戶調查（household survey）和機構調查（establishment survey）。

　　家戶調查以抽樣6萬戶家庭為調查對象，有工作者會被列入就業中的勞動人口，無工作者將進一步詢問是否正積極尋找工作；若無，則被列為非勞動人口，若有，則被列為失業的勞動人口，而失業率，則是由『失業人數』除以『總勞動人口』。在應用上，失業率屬於經濟落後指標，因為企業在景氣不佳的初期一般會先縮減工時，一段時間後才會考慮裁員；相對的，景氣好轉時企業也會先採增加工時，最後才考慮擴大雇用。

雖然失業率屬於景氣循環落後指標，但對於一般消費者信心會有重大影響；一旦人們無法確保未來工作是否穩當，消費將採取保守的支出態度而影響總體消費支出。

　　再來談機構調查，機構調查是查訪約37萬家的企業及其他機構而得到的數據，被視為是比家戶調查更精確。

　　在失業率統計中，企業提供就業人數、每週工時、加班時數及每小時工資等資料，統計範圍則涵蓋財貨及勞務等各行各業，提供各經濟部門的活動概況，並可藉此預測未來景氣走向；其中又以製造業最被密切觀察，原因是製

圖7　ISM製造業採購經理人指數　（時間：2007.5～2009.5）

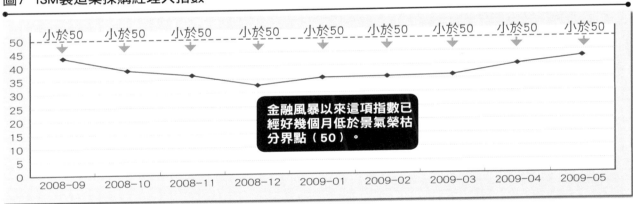

圖8　S&P500與國內大盤　(圖片來源：XQ全球贏家)　（時間：2008.10～2009.6）

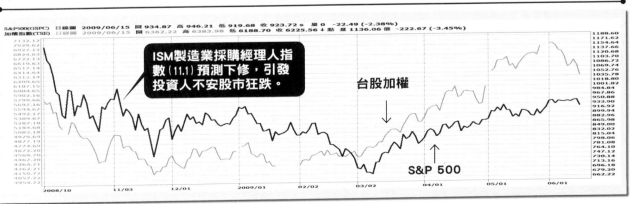

造業對於景氣波動較為敏感。

在應用上，強勁的就業報告顯示經濟成長步調快速，對股市而言是利多消息；但仍須視所處的景氣循環階段而定。在景氣循環處於高點時，強勁的就業報告意味通膨將有升高壓力，聯準會可能因此調升利率水準，則股市將可能出現不利反應。

⑩Consumer Confidence Index
消費者信心指數

經濟強弱的同時指標

- 發表機關：美國經濟諮商理事會（The Conference Board），www.conferenceboard.org
- 發表週期：每月最後一個星期二美東時間上午10點公佈

消費者信心指數是為了瞭解消費者對經濟環境的信心強弱程度，為經濟強弱的同時指標，這項指標若沒有反彈，美國經濟就很難真的回升。

由美國經濟諮商理事會發表的消費者信心指數，是美國境內消費者對目前及未來經濟狀況看法的統計數字，統計方法是透過抽樣調查，對美國境內五千戶住家發出問卷。

所問的問題包括：

①你覺得你所居住的地區目前的經濟狀況如何？
　　　　　　　□好　　□普通　　□不佳

②六個月後，你認為經濟情況將會如何？
　　　　　　　□變好　　□一樣　　□變差

③你覺得你現在所居住的地區目前的工作機會如何？
　　□有充份的就業機會　　□沒有那麼多工作機會
　　□很難找到工作機會

④你覺得六個月後工作機會將會有怎麼樣的變化？
　　　　　　　□變多　　□一樣　　□變少

⑤你覺得未來六個月你的家庭收入將有怎樣的變化？
　　　　　　　□增加　　□不變　　□減少

透過問卷，經濟諮商會將針對答案計算出消費者信心指數。

當消費者對未來經濟狀況看好而且有較確定的未來收入時，人們則較勇於消費甚至於是貸款來購買商品或服務，相反的，若對未來有所存疑，花錢的態度則較保守。

由於美國經濟超過一半的貢獻來自於消費者的支出，因此，這項指數可反應目前消費者的消費信心。所以，是經濟強弱的同時指標，與目前的景氣有高度的相關性。

當消費者信心指數表現強勁時意味著消費者有強烈消費商品與服務的意願，而有利於經濟擴張。相反的，若指數偏低，表示消費者消費意願不強，經濟趨緩。

2009年2月，消費者信心指數來到1967年以來的最低水準26，09年3月則緩升到28，4月升上40.8，5月更來到54.9，觀察美國是否可以擺脫經濟泥沼，這是一項值得注意的指標，畢竟，若民眾因情緒上的恐慌或正處於失業，必然減少消費，要一個消費力低的國家能經濟發展，是不可能的。

圖9 消費者信心指數 （時間：05.01～09.03）

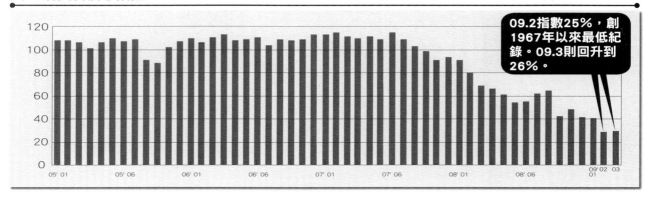

> 09.2指數25%，創1967年以來最低紀錄。09.3則回升到26%。

TIPS》

美國經濟指標那裡找？

除了留意電視新聞與報紙之外，美國經濟指標的即時數據也可以在一般的看盤軟體上看到，或者網路上也找得到，以鉅亨網為例蒐尋路徑為：鉅亨網（www.cnyes.com）→金融→經濟指標專區→指標追蹤

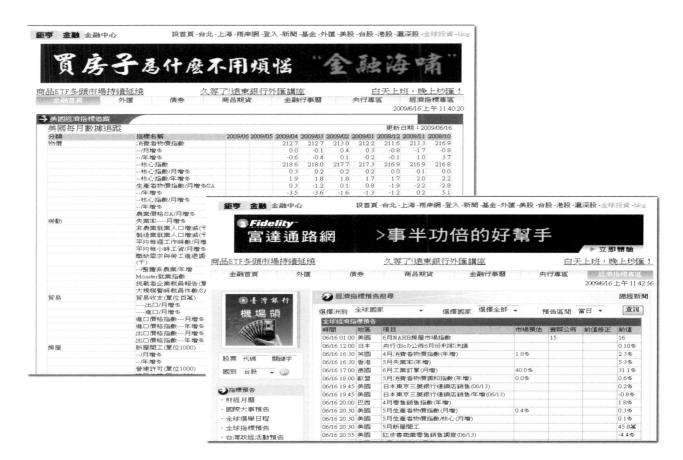

出現了這樣的圖形，
接下來⋯⋯⋯⋯

多？

空？

慌亂行情下的短期交易術

「第一次發現媒體對行情的看法這麼混亂！」在竹科工作的吳立威，63年次，投資年齡5年，談起他的股票事業苦笑說，「往常不管是降息或恐怖攻擊，上網研究一下國內外資訊，通常能歸納出多、空見解，但後金融海嘯，從專家到政府官員、從美洲到亞洲、從專業投資人到散戶，多空見解幾乎是一半一半。」

巴菲特的名言是「當市場恐懼時要貪婪，當市場貪婪時則要恐懼！」有如股海明燈的投資大師巴菲特即使操作理念一再被印證是正確的，但他卻在最近一次的股東大會公開承認「這一次自己也犯了錯誤」……

此時，投資人該站多？還是該站空？該恐懼？還是該貪婪？

顯然，市場見解目前是混亂的！行情走向的透明度是很低的！在這種能前方不明的市況裡，「短線思維」絕對是比「長線思維」安全而務實。

這一期的封面故事，就以這樣的角度出發，探討在這種混沌局面下的短期交易術。

Part 1

實用5招戰勝不透明市場

股市多空不明，
儘管出現短期上升趨勢，
但由此就確認中長期的上升趨勢是不正確的，
至少在企業還沒有交出漂亮成績單之前，
多頭市場來臨的證據仍然不齊全，
只要市場見解不同調，
不透明市場還會持續，
投資人準備好自己的因應對策才是最上算。

戰勝不透明市場的第1招

小部位的短線操作 ·····················

市況不明，首先留意的是投資部位。

不管市場的行情如何，在看不到企業獲利令人安心前，都應先當做炒作題材發酵，當對中長期股價的方向無法確定時，不應注入太多資金。

這就像開車，即使技術很好，也得等霧全部散去才能將油門踩到底。前途未明最好是一面輕踩油門並隨時準備煞車小心前進才是。

在心態上切忌隨媒體起舞，尤其不能有「趁底部大撈」的想法，與其在此處企圖大賺不如等上升行情正式來臨再決勝負，現在是勤奮的一點一點賺現金蓄積力量的時期。

投資人總要有「這時候應多把現金拿去換股票呢？還是多把股票拿去換現金呢？」的基本思維，要克服糊里糊塗買股票的衝動，可以把「現金」也當成投資的一部份，利用下圖水位上升、下降的圖表，就能輕鬆的因應操作盲點了。

其次，短期的上升是否會演變成中長期真正上升而進一步讓行情明朗化呢？

這也是要關心的重點。

若認為不透明的行情會持續下去，就繼續採取不透明市場的操作方法，若態勢已經清楚，就採另外一種方法。投資人可以觀察大盤指數，若大盤指數超過最近波段的高點，可視為上升行情明朗；若行情跌破最近的低點，可視為下跌行情開始。

市場不透明投資人應多持有現金

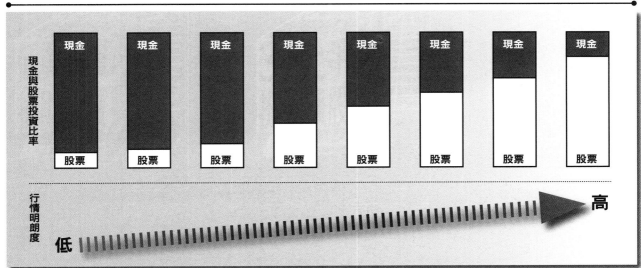

■ 戰勝不透明市場的第2招
與三大法人攻防 ⋯⋯⋯⋯⋯⋯⋯⋯⋯⋯⋯⋯⋯⋯⋯⋯

市況不明，跟著三大法人（外資、投信基金、證券自營商）買賣，應該很牢靠吧！

理論上很合理，但實務上有危險性。

投資人可以參考三大法人持股的狀況，但可別在沒有任何退場規畫下就貿然搶進，畢竟，他們永遠是比散戶早一步的法人，原始成本相對比散戶低，再者，只要行情連漲數日，有散戶跟著拉幾天行情，他們若以迅雷不及掩耳的速度賣掉持股，對法人而言是賺快錢，但倒楣的卻是小散戶（請參閱本書「籌碼大補帖」專欄）。

許多投資人在金融海嘯過後「做股票都怕怕的」，可別以為法人膽子就比我們大多少，市場風險大法人跟我們一樣不敢太樂觀的長線持有。

不過，也不能因為跟著法人操作有危險性就完全不關心法人進出的狀況。從非常多的例子來看，法人進出的情況仍對股市的漲跌有十分的影響力。以華碩為例，股價的漲跌幾乎跟外資買不買有絕對的關係，外資一路買它就一路漲，外資一路拋它就一路跌。

跟蹤三大法人腳步買股，投資人應該抱持著短線交易的想法，若跟得上法人買進的腳步，同時買、賣不但不容易賠還能有賺頭，但若誤以為有法人持股的加持而準備中長持有，就很可能被套在高點很久很久。

因此，一般散戶一定要比三大法人進場早、退場早，獲利績效才穩當。

（圖片來源：XQ全球贏家）

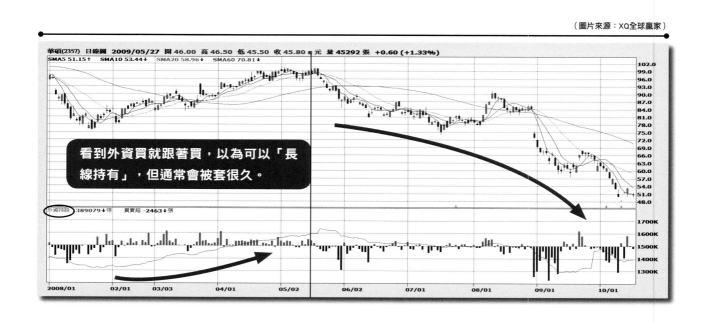

看到外資買就跟著買，以為可以「長線持有」，但通常會被套很久。

■ 戰勝不透明市場的第3招
掌握資券變化與市場短兵相接 ………………………

前景看不明時為了判斷行情，特別應留意的是信用交易餘額的狀況——

融資買進是一般散戶看好股價將上漲而借錢擴大信用買進股票，相對於長期投資者（如大股東）而言，是屬於不安定的購買者，融資買進者的股票可歸類為隨時準備賣出大賺一筆的那一群人，因此，當融資餘額（累計融資增加的部份）很高時，對於「賣方」是有利的，因為這一群不安定持股人隨時可能賣出股票。

融券的情況剛好相反。

融券是看淡後市的投資人向證金公司先借股票賣出，等到行情跌了，再以低價買進股票還給證金公司，因此，當融券餘額(累計融券增加的部份)很高的時候，這些融券戶就是潛在的買盤，所以對「買方」是有利的。

另外，也可參考券資比（融券餘額÷融資餘額），當券資比數值越大時，融券佔融資的比例愈高，就表示未來買方愈佔優勢。

現在的行情，不管是總體經濟或是企業的業績，誰都無法很肯定的說出「好」這個字。在這種情況下，融券部位是有償還期限的交易，當行情上漲時，將成為不得不買進的一方；而融資部位，當行情下跌時將成為不得不出賣出的一方。因此融資與融券兩股勢力可以說是不透明市場中短期交易者重要的指針，對短期行情有決定性的影響力。

軋空行情

造成軋空的可能原因有：
1. 融券有斷頭追繳壓力。
2. 股東會舉行而強迫融券戶回補。
3. 除權除息融券戶需回補。
4. 融券數高於融資數時必需進行標借，而其費用負擔太重也可能造成融券戶大力回補。
不管是那一項理由造成融券回補，一旦融券大力回補將出現強大買氣，使得股價急速漲升，這就是軋空行情。一般來說，融券比例愈高的個股，軋空力道愈強。

參考的軋空條件可設定為：
1. 融券餘額增加大於1000張
2. 融券餘額大於5000張
3. 近3日融券餘額增加大於3%
4. 券資比大於10%。

範例

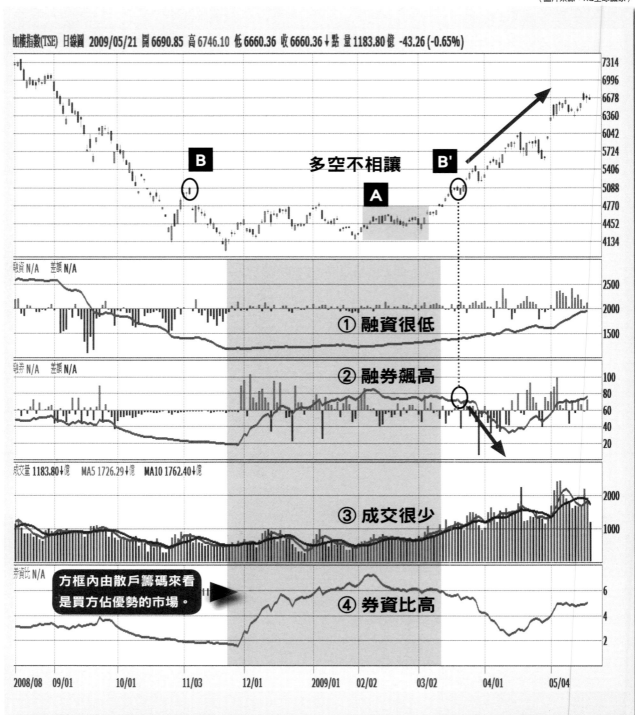

加權指數(TSE) 日線圖 2009/05/21 開 6690.85 高 6746.10 低 6660.36 收 6660.36 ↓點 量 1183.80億 -43.26 (-0.65%)

B ①

A

多空不相讓 **B'** ①

融資 N/A 差額 N/A

① 融資很低

融券 N/A 差額 N/A ①

② 融券飆高

成交量 1183.80↓億   MA5 1726.29↓億   MA10 1762.40↓億

③ 成交很少

券資比 N/A

方框內由散戶籌碼來看
是買方佔優勢的市場。▶

④ 券資比高

2008/08 09/01 10/01 11/03 12/01 2009/01 02/02 03/02 04/01 05/04

說明

以2009年上半年的加權指數為例，方框內①是融資餘額，受到長期下跌的影響散戶退場，融資餘額在歷史的低檔，退到只剩下1200億左右。

②是融券餘額增加到超過80萬張。過去的台股在一般千億左右的成交量水準，大盤融券張數只要超過80萬張，就有很高的機會出現軋空行情（因行情上漲，融券戶被迫買回股票，而再進一步推升股價。）但當時大盤的成交量只降到7、800億，甚至也出現過只剩300多億的低成交量（見③），可見得當時融券戶十分危險。

從④的券資比超過6來看，也是歷史高檔區。因此，就信用交易資券的變化來看，方框內完全是一個買方佔優勢的市場。

由於金融海嘯的威力太巨大，即使從融資融券的變化來看，對買盤十分有利，但那種「空頭死都不肯讓」（融券持續飆高）的態勢也很強硬，在A用灰色標示出來的地方，多空雙方幾乎纏鬥了一個月。之後，多頭勝過空頭的態勢慢慢明顯，如果這時候你正準備進場的話，可以參考最近波段高點，若行情有辦法超過波段高點（以這個例子可以捉B點），本來是短期的上漲就可能轉為中長期的上升趨勢。

反過來說，若行情一直無法突破高點，而且融券餘額減少（代表被迫買進的壓力變小）或是融資餘額增加（代表被迫賣出的壓力增加）的話，股價可能已經形成頭部高檔區，再度下滑的可能性是高的。

以本例，並不是這樣的情況，B'點已經漲超波段高點B，等於空頭已經被迫投降了。

此時空頭的投資人若不是受了重傷被迫高價買回股票也有可能反過來站在多方，所以，在B'點可以發現融券急速大減，融資增加，行情又是新的一個局面。

■ 戰勝不透明市場的第4招
短線＋順勢操作才是王道 ⋯⋯⋯⋯⋯⋯⋯⋯⋯⋯

混亂市場看不出趨勢，投資人不宜憑感覺亂猜，雖然捉住資券變化稱不上什麼極高明的趨勢預測（至少跟能說出一大套數據理論的國際大師相比，實在不算什麼），但卻可以避免短線投資人因站錯多空方向不肯停損而蒙受過大的損失。知名的投機大師也是作手回憶錄的作者李佛摩有句話說：「市場只有一邊，不是多頭那邊也不是空頭那邊，而是對的一邊。」

說穿了，判斷行情就是利用各種方式找出行情「對的一邊」，就具體操作方面，應該如何短期操作呢？

重要的是不要違背潮流且絕對不要碰不利的一方。

所謂不利，可以利用融資餘額與融券餘額這種「已發生的、看得見的事實」做為確認——

當融資餘額增加很多，目前就是賣方佔優勢，也就是行情隨時可能轉空，你可以選擇不要站在賣方（如果你對自己的判斷沒有信心的話，空手是最好的），但你不要選擇站在買方，因為買方就是「不利的一方」。

相對的來說，如果融券餘額增加很多，你可以不選擇站在買方，但你不要選擇站在賣方，因為賣方就是「不利的一方」。

短期交易時投資人可以沿著對自己有利的潮流「順勢」的買賣——

站多方的順勢操作

假如股價往上揚，融券餘額增加很多，可知融券餘額將成為未來潛在買盤，若行情當天出現低點，投資人就可以用當日沖銷（當沖）的方式趁股價在盤中有下跌時買進，捉到上漲時快速趁勢賣出，採取這樣的態度就是本文所謂的短期＋順勢的操作方法。

為什麼這樣做有效呢？

第一，雖說是股價上漲，但前景不明朗，所以心態上應該極力不持有部位才是比較安全的做法。所以站在相對有利的條件下做做極短線多賺一元是一元；第二，或許行情就此要進入真正的上升趨勢，要一位習慣在市場上進出的投資人看著行情一天一天上漲，而手上一張股票也沒有，這是不務實的建議，除非你真的有空手的勇氣，否則可以讓手中也能擁有一些股票，一面做短期交易，一面觀察情況。

這又分手頭現金不寬裕與手頭現金寬裕兩類投資人。

◎ 現金不多者的順勢操作

手頭現金不寬裕的人可以採用當沖。

假設某企業利空頻傳（如月營收衰退），

此時融券餘額增加、融資餘額減少並且行情上漲，在這種情況下，建議以資券變化為觀察重點，因為融券增加很多，可以預期短期行情應該可以上升，但因受到利空訊息干擾使得行情下跌，當沖投資人就可以趁下跌時買進，等行情上升再賣出，這種操作方式贏的機率很高。

在這種情況下風險最高的是那些持續融券放空的投資人，試想，此時股價如果突然跳空上漲（或強力上漲），有可能連想買回股票也買不到。

如果本來想短線當沖，但上升的行情很強，並且超過前波段的高點，也可以別急著當天沖銷賣掉，可以繼續持有搭行情的順風車。

這就是本文所提的，當融券增加很多時投資人應該別碰不利的一方，也就是不要碰賣的一方。短期交易應該趁行情壓低時順勢買進。

或許你會懷疑，短期業績是朝不好的方向走，看空的投資人又增加那麼多（融券餘額增加），此時持有股票不是很危險嗎？

不，就短期來講危險的地方應該關注是否因著股價上漲，而融券戶買回股票，使融券的部位一舉消除。如此一來，市場買回的壓力頓時減輕，行情就不一定是對買方有利了。

◎現金多多者的順勢操作

再來，分析現金充裕的投資人。

現金充裕的投資人，可以有較多的籌碼等行情慢慢上來，若怕搭不上車而想追價買進股票的話，可以等行情獲利回吐，也就是行情漲了一段拉回後再買進即可。

具體而言，當股價下跌至5日及25日移動平均線，就是買進的時機。

站空方的順勢操作

相反的，當融券餘額減少，融資餘額增加，但行情卻無法向上突破最高價的狀況時，股價就有可能反轉下跌。

當行情無法突破基準的價格，股價開始下跌時，一開始可以視為暫時的回檔，若手上已經持有股票則可考慮對手中所保有的相同股票進行融券放空。等待該支股票開始反彈時再買回即可，如此可減少下跌的損失部份。

要進行這樣的操作，重點是要觀察融資餘額增加要比融券餘額增加大，也就是處於賣方優勢的行情。

行情若跌破最低價，資券的部份已經變成融資餘額增多的情況，可以判斷行情中長期屬於下降趨勢，操作上應該以賣出為主，操作上跟前面以買進為主反過來操作。

範例

（圖片來源：XQ全球贏家）

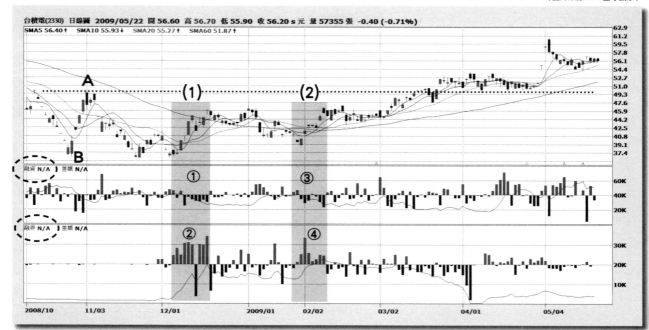

台積電月營收

年/月	營業收入	月增率	年/月	營業收入	月增率
08/10	28,370,678	0.42%	09/01	12,436,378	-5.50%
08/11	19,294,770 **衰退**	-31.99%	09/02	11,503,819	-7.50%
08/12	13,160,762 **衰退**	-31.79%	09/03	13,619,497	18.39%
			09/04	21,744,748	59.66%

說明

08年底台積電受國際需求減弱的影響，營收嚴重的衰退，受到這種不利消息的影響，從(1)、(2)的方框中都可以看出融券戶大增，也就是散戶看壞行情的人相當的多，同時間融資戶減少，顯然散戶都害怕不敢買股票，這時候，短線交易的投資人若能順著資券的變化站對方向，仍有利可圖，以方框(1)為例，在融券比融資有優勢的時候，站在買方的

方向，緊盯行情下跌時買進獲利機會較大。方框(2)的情況也大致如此。

如果你的現金較充裕，可以以波段高點A為目標持有股票，以波段低點B為目標賣出股票，例如，在方框(1)的任何時間買進股票，目標是漲超過波段高點A就繼續持有、跌超過波段低點B就停損賣出，如此這一波可以從成本價40元左右一路抱到60元以上的行情。

■ 戰勝不透明市場的第5招

只問對錯不問多空 ....

不透明的市場投資失敗的典型是，在還不知道是否會進入上升趨勢的局面，就一味地認為股價無法突破高價而融券放空；或相反地認為股價一定會突破高價，在高價圈又增加買進的人。

在行情的方向性變明朗之前，任誰都沒有辦法很肯定的指出方向一定是多或空，如果一開始站錯方向又一味的相信自己的行情判斷，勢必承受損失。

因此，即使很有自信的人，也一定要看融資融券與主力進出的情況。在行情不明朗的市場中短線交易失敗者，大都是將投資部位大幅傾向某一邊的人。

短線交易者應該練習自己要保持「中性」－－可以靈活的「見風轉舵」，不管行情怎麼變化，多、空都能賺到錢方式。

如果思維上一直是單邊思維，例如現在只會站多方買進股票的人，那麼，投資者就會一直期待股票上漲，而「買進股票」成為唯一的選擇，外加上對行情有所期望，容易孤注一擲，一旦實際情形往相反方向演變，很容易因為過於相信股票上漲而對「停損」一事遲疑。

市況不明時應於腦海中保持中性，只要心態上抱持中性執行停損就很容易了，因為投資人一開始就已經知道，自己的判斷不見得總是正確的。

台股因為大陸政策與海外匯入資金動能利多頻傳，行情一下子拉金融、一下子拉LED、一下子又拉資產……，但若考慮到景氣的未來及本益比（PER）、股價淨值比（PBR）就會對行情抱持中性的態度，在這種不確定性的行情下，從籌碼面觀察融資、融券的信用交易部位與主力進出反而能成為短線交易的線索。

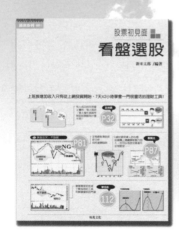

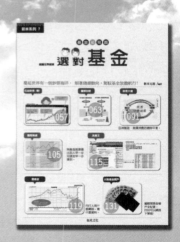

「我一買股價就跌、我一賣股價就漲！」

上班族小花花在茶水間跟小美互相抱怨著，小美也附和道：「就是啊！昨天我才從電視上看到一位電子業的大老說：台股會上萬點，所以，興沖沖的一早就掛買單，想不到收盤竟然跌停板……這是什麼世界啊！？」

小花花點頭如搗蒜的回說：「這新聞我也看到了，實在莫名其妙，這些人，沒有把握就別說嘛，說了不正確的話，好像存心出來騙人似的。」

騙！　騙？

在股市中，你是否也曾有這樣的經驗呢？

看業績是好的，但股價卻跌！

知名的外資分析師調升評等並加碼買進，但股價卻跌得更慘！

連大老闆都說「這一季無望了」，但股價卻天天漲停板！

投信經理人才在報紙上寫了一篇精彩萬分的「生化產業超完美獲利展望」，但行情漲了三、五天之後竟連跌1個月……

我們無法具體的歸類那一些媒體訊息是存心騙人的、那些又是無心之過，但投資股票「籌碼」這一件事真的很重要。

持有籌碼者（包括股票與錢）對個股的經營心態與做法，影響行情真的很大，用個比較極端的說法，業績好壞、產業前景，都是持有籌碼者把行情拉高或壓低的「工具」。

試著，某家企業一年賺10元/股，並沒有法律規定它的股價得100元/股或是150元/股，但持有現金籌碼者如果願意用200元/股買進，持有股票籌碼者願意用200元/股賣出，那麼，它的市價就是200元/股。

所以，對短期交易者而言，看懂籌碼可能要比其他包括基本分析、技術分析還來得立竿見影。

媒體上所見的分析師訊息或研究報告不見得全是「有心人士」的惡意之作，但身為投資人的我們，每一分錢都是自己辛苦一塊一塊累積來的，對籌碼有多一分的認識就能減少誤入主力陷阱的機會。

□ 認 識 籌 碼

除了剛上市公司的股價是固定價格，之後股價的變化是因著持有籌碼（股票）者把股價拉上去或打下來。

假設，現在大家同樣在一張賭桌上，桌上的籌碼固定為100，不管圍在這張桌子上有多少人持有籌碼，100這個數字是不變的（企業的股票總發行張數）。另一項遊戲規則是，每張桌子都有四位莊家，他們可以自由買賣，但必需公開資訊。

如果現在房間裡有2張賭桌，其中A桌的四位莊家分別持有70、10、5、3張籌碼，原則上這四位莊家是比較穩定的結構，雖然他們也會視情況跟著外面流動的客人一起交易並喊價格，不過，不像其他的散戶一樣頻繁的進出，扣除掉這四位莊家的籌碼之外，A桌有12（100－70－10－5－3）張籌碼是散戶持有。

再來看B桌，B桌的四位莊家，他們所持有的籌碼分別是10、5、3、3，扣掉這四位莊家的籌碼，B桌有79（100－10－5－3－3）張籌碼為散戶所持有。

如果我想選張桌子參與賭局，我應該選A還是B呢？

如果我評估四位莊家不會輕易的釋放籌碼，且行情看好時，我會選擇A桌，因為主力只要有任何一方（比方說持有70張籌碼的那位仁兄）願意用比較多的錢向散戶們收購他們手上的籌碼，他自己佔那麼大份額，行情他拉1元等於持有1份籌碼的散戶得上漲70元，因為

我是保守小散戶，所以較願意選擇A桌。

當行情看不好時，我也會選擇A桌，因為A桌有位錢多多且持有70份籌碼的仁兄，他應該會想盡辦法顧好他的資產吧。如果對散戶來講行情跌1元，對他來講則是跌了70元吶！

這樣子說來，我的答案永遠是A桌？

不。有一種情況我會立刻從A桌跳開。

就是當大夥兒玩得起勁的時候，突然A桌那位持有70張籌碼的仁兄家裡派人來告訴他，「你家事業出問題了！」或是「投資人要把放在你這裡的錢拿回去了」……

此時，我會立刻從A桌跳開，理由是，那位仁兄有錢歸有錢，但跟一般散戶比他擁有那麼多的錢通常不會只有一個人單獨擁有，極可能是集合了自家親友很多人的錢，如今他們家出事了，自然會想要先賣掉這邊的籌碼。他們這種家大業大，看這種小賭場一定不算個什麼，所以，行情勢必跌很大。

此時的我，如果非要選擇進場，就會選擇在A桌但玩的不再是站多頭，而是站空頭。

股市就是股市，它是企業籌集資金的地方，不是賭場，所以，不能用賭場的思維去假設股票市場。但是，若你的目標是賺進低買高賣的短期價差，股市雖然還是股市，雖然仍需要看企業與大環境的景氣發生什麼事，但有可能在你還沒有搞清楚事實真象的時候，就因為籌碼的變動，使得行情已經一輪上下，而散戶常因喜歡做短線又沒有看清楚籌碼，漲時跟著

大家買，跌時跟著大家賣，所以每每演出一買就跌一賣就漲的戲碼。

「行情，好像是存心衝著我來，完全跟我作對似的！」

的確，行情真的是衝著你並跟你作對的！

作對的就像在賭桌上那四位持有籌碼比較多，看起來比較穩定的主力，一般認為它們是外資、投信、自營商等三大法人再加董監。

另外，還有一大部份是「黑手主力」，也就是他們的財力與企圖心都能大到影響到股價的漲跌，可是進出不像三大法人一樣，必需公開資訊，很多時候，他們會運用各種方法先讓持有股票者乖乖的在行情很低的時候釋放出籌碼，等到他們吸收籌碼到相當的程度之後，再利用各種方法製造出甜蜜的故事，讓人們願意花很貴的錢不斷的追價，此時，他們就開始玩「我丟你撿」的遊戲，把高價的股票丟給上鉤的投資人，如此完成一輪遊戲之後，再放手讓股價下跌……

散戶目標如果是企業本身，就好好的研究企業基本面，若是你做短期交易，就得心裡時時想著一個假想敵－－有一個「主力」正在想辦法把行情打下來讓他有機會在股價低時買入並在行情已經漲很高時，還繼續釋放利多故事，好把手上的籌碼高價的賣給散戶。

在這一場主力與自己的戰役中，你也不寂寞，因為散戶很多，這些散戶就像自己的袍澤一樣跟你站在同一陣線，大家的敵人都是主力，只不過，因為散戶各走各的路，所以很難齊心齊力的跟大戶開戰。

股市的買賣盤是由散戶、法人與大股東（能影響個股決策的大股東）所主導。散戶資金力量是最大的，可是散戶要達成一致的共識很難，而且多、空意見不一致，所以，它反而是最無法影響股市行情走勢的力量。

法人的資金力量居次，可是因為力量比起散戶而言較集中，所以可以影響股市與股價的力道最強。

大股東的資金力最弱，但它力道的集中度最高，所以能影響個股股價程度最快。

每天收盤後，媒體上都能找得到三大法人（外資、投信、自營商）股票進出的資料，董監持股的狀況也能在公開資訊中找到，包括融資融券等都是觀察籌碼的重要訊息，以下逐一說明。

一、融資融券

　　因為三大法人不能使用融資融券交易，所以融資融券餘額可視為散戶的指標，也就是投資大眾的心理狀況。但可別誤會融資融券是指全部的散戶，更清楚一點定義應該說是股市裡比較積極的參與者，因為很多散戶是不使用融資融券的。而三大法人不使用融資融券，但並不表示他們沒有運用它，許多中小型的主力就常以融資融券做為控股工具。尤其是股本小的公司，有主力「照顧」行情就容易波動，缺乏主力就不容易波動。

　　融券是借錢買股票，會使用融券的通常都是極短線投資人，所以，賺賠都不會很大，跟融資不太一樣的是，融券放空者在操作上更為積極，也比較願意在操作錯誤時停損，不會像融資戶有死不認錯還加碼向下攤平的壞習慣，一面是使用融券的人都是老手，二來融券風險相當高，萬一被軋空賠錢的下場是沒有底限的。用個比較極端的例子來說，假設台積電50元時你融資買進，最差它跌到0元，你的損失就是50元；若台積電50元時你融券放空，萬一它漲到200元，你就賠掉150元，萬一它漲到300元，你就賠250元，很可怕吧。

融資範例 ①　......　大盤

（圖片來源：XQ全球贏家）

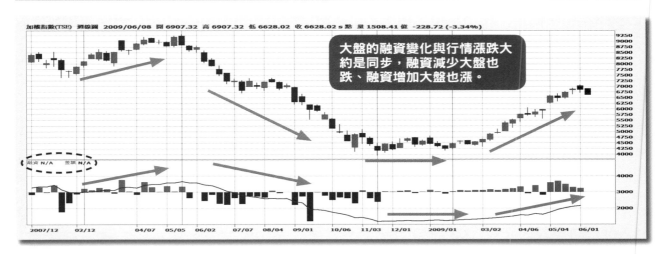

說明

融資增加初期有追價的現象故有助漲的效果，但融資增加到一個程度，意味著散戶持有大量股票，而且這一群會用融資買股票的人，買的目的就是為了要賣，故融資愈高就是潛在的賣壓愈重。

融資範例 ②

（圖片來源：XQ全球贏家）

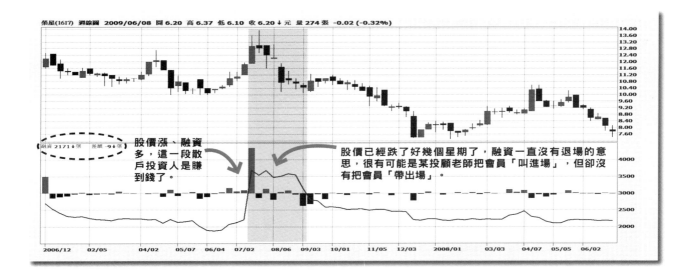

股價漲、融資多，這一段散戶投資人是賺到錢了。

股價已經跌了好幾個星期了，融資一直沒有退場的意思，很有可能是某投顧老師把會員「叫進場」，但卻沒有把會員「帶出場」。

說明

股本小的公司，容易被主力鎖定，因為這一類的股票中小型的主力與冒險性高的散戶很喜歡操作。

若發現融資快速增加，且股價已經漲不動甚至已經開始下跌，那就要快溜，有可能是主力已經在出貨了（見方框中的圖形）。

有經驗的散戶大都不會不知道這種小型公司行情異常的拉抬有危險性，不過，因為有主力照顧的個股初期大都能嚐到甜頭，散戶常能因此坐享股價狂飆豐厚的利潤，但散戶到後來就會不小心忘記了風險。

因此，喜歡跟著主力操作的散戶得時時記住

主力養、套、殺的三部曲，該出場時就千萬別眷戀。

融資範例 ③

(圖片來源：XQ全球贏家)

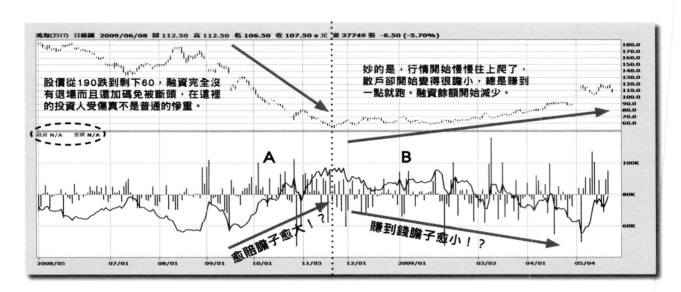

鴻海(2317) 日線圖 2009/06/08 開 112.50 高 112.50 低 106.50 收 107.50 s 元 量 37749 張 -6.50 (-5.70%)

股價從190跌到剩下60，融資完全沒有退場而且還加碼免被斷頭，在這裡的投資人受傷真不是普通的慘重。

妙的是，行情開始慢慢往上爬了，散戶卻開始變得很膽小，總是賺到一點就跑。融資餘額開始減少。

融資 N/A 至損 N/A

A

B

愈賠膽子愈大！？

賺到錢膽子愈小！？

說明

融資買股票只需用約一半的價格就可以買到股票，也就是當股價跌四成相當於融資者損失八成，而這個數字就會讓信用維持率降到120%而面臨到斷頭追繳的壓力。

以鴻海本頁的例子，若投資人融資買進在190元進場，股價在跌到114元（190×60%）左右，投資人就開始煩愁是該停損賣出？還是補保證金？

從圖A來看融資持續不退場而且還一直增加，可以研判已經被套牢的投資人似乎不但選擇繼續繳交保證金免被斷頭，看到行情持續跌還有很多散戶以為撿到便宜一直進場。

所以，使用融資交易若行情跌時還繼續加碼向下攤平，很可能會愈攤愈貧。

股票市場另一個演它千遍也不厭倦的故事是，因為融資操作獲利是兩倍，所以，投資人也會有「賺到就快跑」的特色，因此，當行情往上走時，融資量反而不是同步向上增加，而是行情愈好，融資愈少。

以這一張圖表為例，可以看出散戶投資人下跌時很勇敢、上漲時很膽小。

融券範例 ①

（圖片來源：XQ全球贏家）

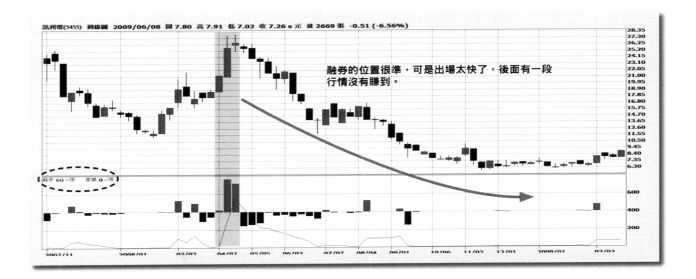

說明

前面提過融券投資人是超級積極的投資人，
由本例很明顯的可以看到融券放空者不敢戀
戰的習性。

以這個例子來看，放空點非常好，但回補也
很快速，融券投資人回頭看的時候可能會覺
得好可惜哦，後面好大一段的行情完全沒有
賺到。

融券範例 ②

（圖片來源：XQ全球贏家）

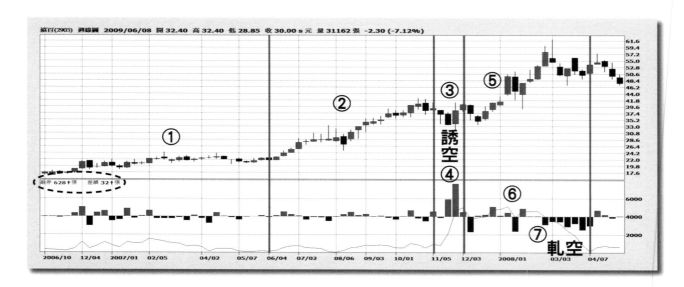

說明

①是段不上不下的盤整行情，②突破平台展開一波大漲，就一般常識判斷，在漲多的高檔區若出現長黑棒或下影線很長的K線③，意味著行情可能會開始下跌，所以，此時融券大增④，但行情卻出乎意料的展開另一波多頭的攻勢，而且比先前還要猛⑤，一開始融券投資人似乎不覺得自己那裡有錯，仍堅持自己放空的部位，所以從⑥可以看出，此時融券放空並沒有明顯的減少且隨著行情持續上漲，融券還持續加碼攤平，當行情上漲到讓融券戶幾乎斷頭時，就形成軋空行情，也就是融券被迫買回股票，本來站空方的投資人變成必需把股票買回，此舉更加速行情上漲，而促使更多的空方斷頭出場，在⑦可以看到融券大減。

而在本例③的位置，也就是在上漲過程中突然下跌但不久後又上漲的情形，市場又稱為「誘空」，也就是在行情漲了一段之後，主力先把行情往下打壓，讓投資人以為行情要下跌而進場放空，但其實主力的真正目的是要把行情往上拉，一旦主力的目的得逞，一來主力可以趁機撿一些便宜的股票，二來，這些被軋空的散戶也是當然的買盤，將把行情幫主力再往上拉一大段。

融券範例 ③

（圖片來源：XQ全球贏家）

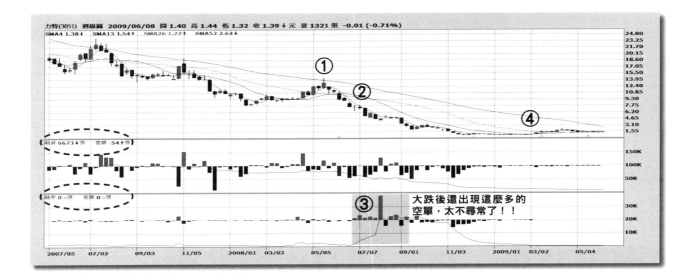

說明

融券飆高的個股，往往是散戶放空、主力作多（如前一例），但有一種情況是主力已經得知公司即將出現重大的危機，找到機會就用力的放空個股。

對散戶而言，這種股票不管是作多或作空最好都不要碰。

這樣的個股圖形很容易辨認，以本例在①的時候股價是14元多，短短的不到1個半月，股價已經腰斬到②的7元，正常的情況行情已經急跌成這副模樣，還會去對它放空的投資人不多，可是在③的地方開始，融券竟然很不可思議的一直增加，而且有一星期還很

離譜的增加了2萬多張空單。

用常理就能判斷在急跌時還敢這麼放空的絕對不是一般投資人（急跌通常會出現反彈，軋空機會很高），而股票也真的如那一票放空主力所願的跌到剩不到1元④。

融券範例 ④

（圖片來源：XQ全球贏家）

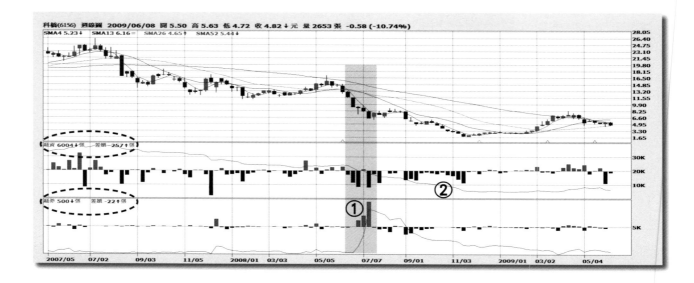

說明

這個例子與前一個範例相同，都是融券在不
正常的時間點異常增加的例子（方框內），
看到這樣的圖形，不管作多作空都不宜。
有些融資戶天真的以為行情只要跌得夠低必
然反彈，所以堅持不肯出場，在出現①的融
券異常大量增加之後，仍有散戶繼續持有多
單不放，在②雖然融資已經大減了但仍有5
千多張融資，這5千多張站多方的投資人都
賠慘了。

二、外資庫存

外資是經政府核准後進入市場買賣股票的，一般而言，外資的選股和操作理念以基本面為依歸，傾向本益比低投資價值高的標的，和一般看技術面和籌碼面的投資人不同，外資喜歡大型股尤其是喜歡形象好、經營者信譽有口碑的，簡單來講就是以國際的眼光來選擇。

外資在台股一直扮演最穩定的籌碼，它的特色是買的時候往往一路買到底，有時買到大家都覺得很不可思議時他們還在買；賣的時候也會一直賣，所以，看外資庫存曲線常呈緩坡上下，不容易忽高忽低。請注意，這裡指的是他們買賣的手法相對於其他類型的投資者包括散戶、投資、自營高而言其買賣的習性，而不是指他們的賺賠。

前文舉例持有70張籌碼的大賭客，平常牢牢持有籌碼，但遇到家裡出事時，就會不管三七二十一把手上籌碼賣掉，指的就是外資的習性，從這可以推論，當全球景氣好時，外資可能不需任何理由的加碼買台股，當全球景氣差時，外資也可能不需任何理由的加碼賣台股。

值得留意的是，如果在外資進出表中出現了一些市場性不怎麼受肯定或業績不佳的個股入列為外資買超的重點，投資人要有警覺性，那種不合常理的事情很可能潛藏著某種陷阱，從好的方面來說該股可能是外資認定的黑馬股；從壞的方面來說，也有主力委請外資幫忙鎖單的可能。

• 外資持台股比例排行榜

路徑：XQ全球贏家→選股→法人進出→外資重倉股

外資重倉股

日期:06/10

名次	股票名稱	收盤價	漲跌	漲跌幅	成交量	持有張數	持股比例
1	台積電(2330)	58.20	+2.10	+3.74%	65,752	18,831,709	73.48%
2	台達電(2308)	70.20	-0.10	-0.14%	5,079	1,482,978	67.86%
3	盛餘(2029)	24.15	+0.15	+0.63%	439	215,631	67.13%
4	日盛金(5820)	5.25	-0.25	-4.55%	37,545	2,865,839	63.38%
5	日月光(2311)	19.05	+0.45	+2.42%	23,308	3,371,210	60.77%
6	矽品(2325)	40.85	+1.60	+4.08%	13,885	1,910,574	60.60%
7	翔準(3087)	7.60	-0.03	-0.39%	240	164,489	57.71%
8	緯創(3231)	49.00	+1.70	+3.59%	24,384	842,942	55.57%
9	安泰銀(2849)	9.54	-0.71	-6.93%	499	829,240	55.16%
10	台肥(1722)	96.20	+1.20	+1.26%	18,171	540,078	55.11%
11	仁寶(2324)	26.10	-0.20	-0.76%	25,053	2,127,706	54.78%
12	中保(9917)	50.00	-1.50	-2.91%	897	240,461	54.09%
13	宏達電(2498)	435.00	-1.50	-0.34%	9,924	398,592	53.47%
14	全家(5903)	55.90	+1.10	+2.01%	18	117,172	52.49%
15	台星科(3265)	9.93	-0.01	-0.10%	11,999	141,941	52.08%
16	萬泰銀(2837)	4.70	-0.31	-6.19%	5,155	1,149,390	51.43%
17	力成(6239)	70.70	+1.70	+2.46%	7,986	318,595	50.50%
18	台勝科(3532)	78.40	+0.90	+1.16%	199	372,035	50.35%
19	三洋電(1614)	28.80	-1.45	-4.79%	1,283	156,138	49.31%
20	聯發科(2454)	389.00	+7.00	+1.83%	7,674	521,988	48.64%
21	健鼎(3044)	56.00	+1.00	+1.82%	2,791	224,966	48.62%
22	中壽(2823)	15.50	0.00	0.00%	5,860	623,998	47.94%
23	鴻海(2317)	104.50	+1.50	+1.46%	33,599	3,554,894	47.94%
24	寶成建(2854)	16.00	0.00	0.00%	31,464	1,024,363	47.90%

> 外資偏愛大型的績優股。看看排行前幾名，大都是很熟悉的企業。

· 外資每日買賣超排行

路徑：XQ全球贏家→選股→法人進出→外資買賣超排行

外資買賣超排行

外資買賣超3日排行　自設區間：從 2009 年 6 月 8 日 ～ 2009 年 6 月 10 日　GO

●上市櫃合併　●上市　●上櫃，日期：06/10

■加到自選股　■全部選取　■取消選取

名次	買超 股票名稱	買超張數	收盤價	漲跌	名次	賣超 股票名稱	賣超張數	收盤價	漲跌
1	台積電(2330)	37,628	58.20	+2.10	1	聯電(2303)	-68,353	12.75	+0.35
2	友達(2409)	25,120	35.35	+0.55	2	兆豐金(2886)	-41,229	14.65	+0.40
3	台新金(2887)	14,878	11.05	+0.50	3	中信金(2891)	-40,107	18.65	-0.55
4	旺宏(2337)	11,774	14.45	+0.15	4	梵德(5387)	-39,925	1.11	+0.07
5	統一(1216)	9,411	34.85	+0.75	5	鴻海(2317)	-30,920	104.50	+1.50
6	匯遠(2382)	7,805	50.50	+0.30	6	中鋼(2002)	-25,237	27.90	+0.80
7	力成(6239)	7,654	70.70	+1.70	7	凱基證(6008)	-23,546	14.35	-0.60
8	寶成(9904)	7,391	19.05	0	8	大同(2371)	-22,216	8.44	+0.03
9	遠百(2903)	6,809	30.00	+1.15	9	日月光(2311)	-20,735	19.05	+0.45
10	元大金(2885)	6,727	21.75	+0.05	10	仁寶(2324)	-16,893	26.10	-0.20
11	光寶科(2301)	6,208	27.95	+0.95	11	華映(2475)	-15,148	5.06	-0.04
12	佳能(2374)	6,180	36.55	+2.35	12	實來證(2854)	-13,139	16.00	0
13	新光金(2888)	5,861	13.60	+0.35	13	台泥(1101)	-12,109	30.15	+0.30
14	台肥(1722)	5,555	96.20	+1.20	14	華碩(2357)	-11,920	41.55	-0.45
15	華新(1605)	5,365	10.35	+0.35	15	遠傳(4904)	-9,633	38.10	+0.40
16	瑞儀(6176)	5,060	40.45	+2.55	16	宏達電(2498)	-9,293	435.00	-1.50
17	台灣大(3045)	4,855	57.60	+0.70	17	合庫(5854)	-8,938	18.70	0
18	中華電(2412)	4,301	63.00	-0.10	18	開發金(2883)	-6,988	8.10	-0.02
19	英業達(2356)	3,960	19.00	-0.15	19	彩晶(6116)	-6,815	7.88	+0.05
20	新纖(1409)	3,153	8.31	-0.16	20	群創(3481)	-6,378	39.50	-0.45
21	大聯大(3702)	3,037	28.60	-1.20	21	陽明(2609)	-5,989	12.50	-0.05

■加到自選股　■全部選取　■取消選取

說明

在外資買超排行中，若突然出現個股名稱很陌生的，投資人應該深入研究外資買進的理由。

有些主力先鎖定目標低價吸收籌碼之後，再透過國內外資機構短期大量買進，讓投資人在外資買賣排行榜看到外資大買的情況進而追價，等到時機成熟再把這些高價股票丟給散戶，這種情況市場稱之為「鎖單」。

「鎖單」當然不只有外資會配合主力做，最常見的還是投信幫忙主力鎖單，只要有名正言順的大機構幫忙主力鎖定市場浮額，對有心的主力而言，股價就很容易操作了，更何況外資、投信加碼買超也能提升個股公司的知名度與市場能見度，對股價的推升有相當的幫助。但是，不管是那一類主力，只要是另有圖謀的不正常買賣，對散戶而言都應該小心。

外資範例 ①

（圖片來源：XQ全球贏家）

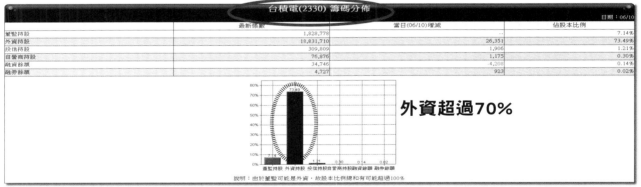

外資超過70%

說明：由於董監可能是外資，故股本比例總和有可能超過100%

說明

台積電外資持有超過70%，外資動向影響行情非常明顯，外資連續買超，股價向上漲；外資連續賣超股價也向下跌。同樣的情形也包括其他大股本的股票像宏碁、華碩、友達、鴻海、聯電等情況也一樣。

所以要買這類股票，一定要捉住外資的動向。

怎麼「捉」外資的動向呢？

除了個股的評等會影響外資增減碼之外，外資與全球景氣有很高的連動，尤其是美國景氣拉警報時，外資泰半會先賣再說。

外資範例 ②

（圖片來源：XQ全球贏家）

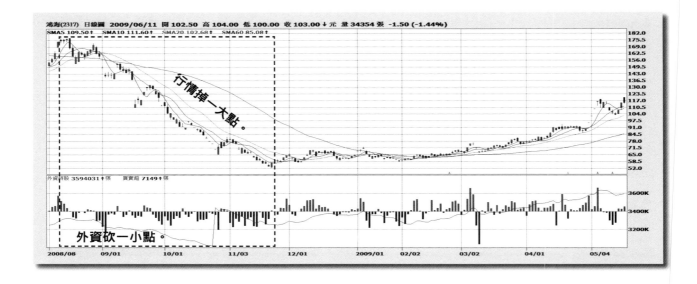

說明

買賣大型股跟著外資腳步進出是可參考的操作方式，但要留意，台股投資人很容易因為外資賣就跟著放大危機感，所以常常外資只是小賣但行情卻大跌。

此外，外資不管買與賣比起其他籌碼的持有者都有慣性，也就是會一直買買買或一直賣賣賣，因此，外資已經開始在做賣的動作了，短線投資人一發現苗頭不對就要快快出脫。

當然，外資也不一定全都操作正確，但以大型的權值股而言，外資的影響力還真不是蓋的。

三、投信庫存

投信持股的穩定度次於外資，其所認養的股票往往會有一段出乎意料的美妙行情，但他們出手賣的時候也很狠。所以，腳步要跟得緊一點，不然也很容易受傷。

一般說來，投信是三大法人中短線操作業績最好的，相對於外資，投信偏好中小型個股，投信經理人對於所操作的個股也喜歡在媒體上發表意見，因此，投信的動作有時反而比外資更能引起投資市場的注意。

另外，投信的最低目標是績效要能超越大盤，在選股上他們不但要不能出錯，更要想辦法捉住一些有本錢「飆」的個股，例如，轉機型的股票（通常這一類股票投機性格濃厚）或是新的小型黑馬股（同樣的也是投機性格濃厚）。

投信為了衝績效有時候會特立獨行的買進一些冷門股，或許初期市場也覺得經理人的選擇非常奇怪，但有些投信對冷門股抱了半年一年本來看起來不怎麼樣，後來還真是小兵立大功。

・投信持股排行榜

路徑：XQ全球贏家→選股→法人進出→投信重倉股

投信重倉股

日期:06/11

名次	股票名稱	收盤價	漲跌	漲跌幅	成交量	持有張數	持股比例
1	台郡(6269)	23.90	+0.55	+2.36%	2,906	29,382	24.54%
2	宏全(9939)	49.10	+0.75	+1.55%	2,753	40,978	21.09%
3	鳳凰(5706)	79.40	+2.30	+2.98%	2,073	7,380	21.01%
4	立錡(6286)	204.50	+13.00	+6.79%	3,338	25,546	19.05%
5	智冠(5478)	159.00	+4.50	+2.91%	8,063	23,862	18.99%
6	台表科(6278)	53.80	+3.50	+6.96%	1,293	30,581	18.29%
7	晶技(3042)	33.70	+0.45	+1.35%	2,555	49,603	18.26%
8	致新(8081)	138.50	+6.50	+4.92%	2,729	14,231	17.88%
9	同欣電(6271)	51.70	0.00	0.00%	1,312	19,459	17.02%
10	聚積(3527)	151.00	+6.00	+4.14%	1,473	5,110	16.64%
11	兆赫(2485)	58.80	+1.80	+3.16%	6,872	51,509	16.21%
12	網龍(3083)	319.00	+2.00	+0.63%	2,936	13,155	15.27%
13	原相(3227)	239.50	+7.50	+3.23%	7,084	17,215	13.79%
14	乾坤(2452)	44.85	+1.85	+4.30%	1,163	25,666	13.30%
15	東陽(1319)	30.35	+0.85	+2.88%	3,188	57,232	12.68%
16	大立光(3008)	394.00	-1.50	-0.38%	4,774	16,271	12.50%
17	太醫(4126)	48.50	+1.10	+2.32%	945	6,179	12.46%
18	欣興(3037)	25.55	+1.20	+4.93%	10,466	133,108	12.18%
19	宇峻(3546)	230.50	+2.50	+1.10%	892	3,129	12.16%
20	揚曜(3061)	37.10	+2.40	+6.92%	15,940	24,354	12.01%
21	晶電(2448)	83.60	+5.40	+6.91%	18,217	74,911	11.83%
22	昇達科(3491)	81.00	+0.70	+0.87%	151	3,596	11.79%
23	新日興(3376)	153.00	+10.00	+6.99%	2,334	14,309	11.52%

> 與外資不同，投信喜歡中小型且有「飆」性格的個股。

投信範例 ①

（圖片來源：XQ全球贏家）

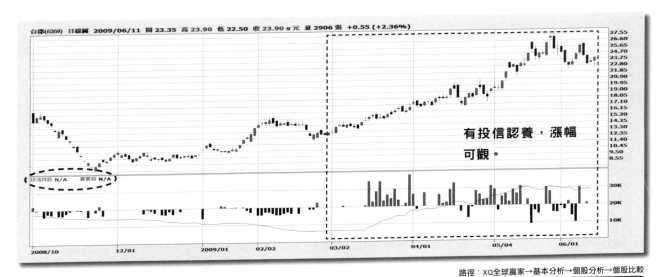

有投信認養,漲幅
可觀。

路徑：XQ全球贏家→基本分析→個股分析→個股比較

因著投信持股加
持,股價就比同
業表現出色。

說明

投信對中小型股有偏愛,本例股本只有
11.98億,這麼小的股本,只要投信的持續
捧場加碼,籌碼穩定度就很高,可以很快就
表現在股價上。

以這一檔股票為例,因投信加持股價短短在
三個月大漲將近一倍,與同行相比也高了好

幾成。

投信範例 ②

（圖片來源：XQ全球贏家）

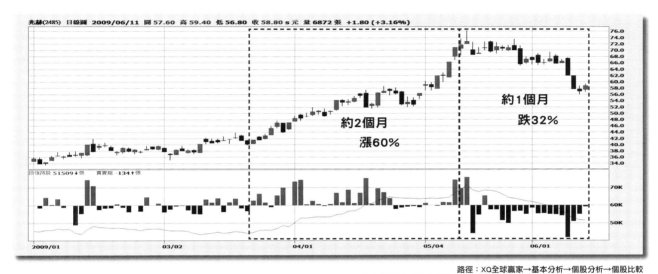

路徑：XQ全球贏家→基本分析→個股分析→個股比較

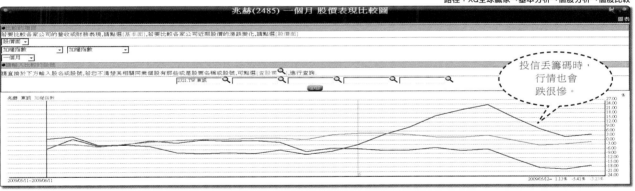

說明

本例股本31.77億屬於小型股，受到投信加碼推升，短短兩個月，股價可以漲六成，但投信不再關注才一個月，行情就掉了三成多。

把個股與同時期的大盤指數與另一家同類型企業互相比較，也可以發現，在投信拋籌碼的同時，股價下降的幅度遠比同業和大盤還要高很多。顯然，要跟上投信的腳步享受股價狂飆的同時，也別忘記，當投信「棄養」時，股價也可能怎麼上去就怎麼下來。

投信範例 ③

（圖片來源：XQ全球贏家）

兆赫(2485)投信持股明細

月份:4

投信	基金	當月持股張數
國泰投信	國泰大中華	8,525
國泰投信	國泰科技生化	2,214
保德信投信	保德信科技島	1,699
保德信投信	保德信台商全方位	1,358
復華投信	復華傳家二號	1,173
保誠投信	保誠高科技	1,126
富邦投信	富邦精銳中小	1,080
復華投信	復華人生目標	1,051
保誠投信	保誠電通網	540
華南永昌投信	華南永昌台灣精選	500
日盛投信	日盛小而美	310
兆豐國際投信	兆豐國際寶全	258
國泰投信	國泰精選平衡	235
國泰投信	國泰豐利平衡	235
台新投信	台新高股息平衡	152
新光投信	新光多重計量	146
保誠投信	保誠理財通三號	90
元大投信	元大市場中立平衡	0
元大投信	元大組合交易平衡	0
宏利投信	宏利經典平衡	0

說明

想要知道特定個股投信持股的情況，可以透過市面上的看盤軟體搜尋得到（本例為XQ全球贏家看盤軟體）。

大部份由證券商所提供的看盤軟體也找得到，一般路徑可以從個股資訊→籌碼分析→投信基金持股，找到同樣的資訊。

想找國內各投信基金持股的前5檔股票，請看次頁建議的2條搜尋路徑。但因為政府規定只能在月底公布上個月的投信前5大持股，所以，時效上比較慢。

• 查詢投信持股建議路徑 ①：

奇摩股市→理財/基金→國內基金→選擇是那一家投信→選擇是那一家投信旗下的基金→選擇持股明細

持股比例：

更新日期：2009/04/30

持股名稱	比例
應華(5392)	6.87%
原相(3227)	6.33%
智冠(5478)	6.15%
聯發科(2454)	5.51%
新普(6121)	4.64%

· **Cover Story**

· 查詢投信持股建議路徑 ②：

基智網http：//www.funddj.com→資訊→國內基金→選擇基金類型→點選個別基金持股明細

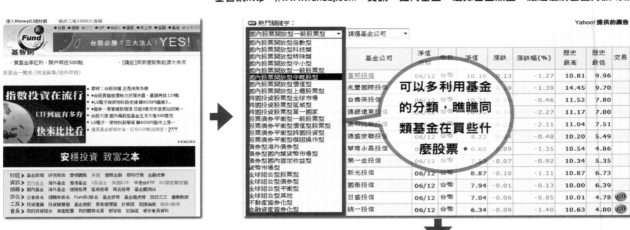

可以多利用基金的分類，瞧瞧同類基金在買些什麼股票。

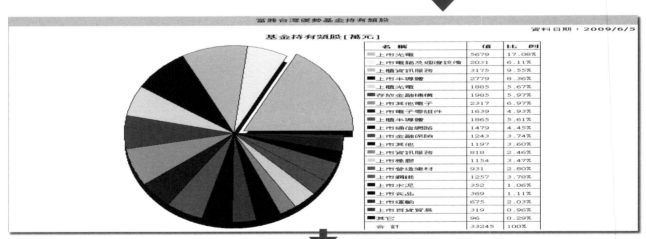

富鼎台灣優勢-持股明細

資料月份：2009/04/30

股票名稱	持股(千股)	比例	增減	股票名稱	持股(千股)	比例	增減
緯創	240	3.35		群光	140	2.52	
瑞儀	200	2.64		茂迪	80	2.48	
晶電	120	2.61					

(1) 股票型及平衡型基金自91年7月份起放寬為每月公布基金持股前五大個股名稱，及合計占基金淨資產價值之比例；每季（3、6、9、12月）公布基金投資個股內容及比例。

(2) 國內募集投資國外之股票型基金，放寬為每季公布基金持股前五大個股名稱，及合計占基金淨資產價值之比例；每半年公布基金投資個股內容及比例。

四、自營商庫存

　　自營商是證券公司自行成立的自營部。你可以把他們想成「錢比較多的散戶」，其籌碼雖然不如外資與投信，但他們操作的焦點集中，是不容忽視的股市力量。不過，相較前兩大法人，自營商的進出是最無舉足輕重的，但若是短線投資者，自營商的動向又很重要。

　　自營商因為主事者的投資風格不同，又可分為攻擊型、積極型和穩健型，操作策略有的選股偏重有大戶介入的主流股、熱門股短線進出；有的則偏重基本面採波段操作再以市場漲跌增減進出；有的則偏愛財團旗下個股，採低進高出或配合公司策略進出。

　　當大盤到高檔時，外資與投信的角色跟有計畫性的大股東比較類似均屬長線規畫，此時很有可能只剩下跑短線的自營商與一般散戶籌碼在丟來丟去，因為這兩種投資類型（自營商

與散戶）都是比較不穩定的結構，從大盤來看資金很可能就在不同類股中流竄，一下子拉中低價電子股、一下子拉金融、一下子又拉傳產。也有可能早上才大丟中概股收盤又撿回來。此時，可以觀察大盤的自營商手上是否還有很高的庫存，若是庫存還很高，表示自營商手上籌碼多多，還沒有「轉丟」的散戶，那麼行情就可能會再拉漲一段，當然，主力也不可能一口氣把行情拉高，通常跌一段拉一段。

　　這個時候「玩」股票比較危險，這就好像大人不在家小孩子玩扮家家，一開始覺得很好玩，後來小小孩（散戶）覺得不好玩了，手中的錢愈玩愈少，大小孩（主力）看到小小孩也不追價了，很可能就放手讓股價下跌。

　　主力通常不讓手上股票全都出清，還是會留有部份的股票看基本面的動向行事。

・自營商買賣勢排行榜

路徑：XQ全球贏家→選股→法人進出→自營商買賣

自營商買賣超排行

請選擇　　　　　　　　　自設區間：從 2009 年 6 月 10 日 ～ 2009 年 6 月 12 日　GO

● 上市櫃合併　● 上市　● 上櫃　日期：06/12

🔲加到自選股　🔲全部選取　🔲取消選取

	買超				賣超		
名次	股票名稱	買超張數	收盤價	漲跌	名次	股票名稱	賣超張數	收盤價	漲跌
1	🔲華新(1605)	2,101	10.35	-0.10	1	🔲台積電(2330)	-6,172	56.00	-2.30
2	🔲奇美電(3009)	2,039	19.00	-0.80	2	🔲元大金(2885)	-5,034	22.00	-0.95
3	🔲中華(2204)	1,971	16.20	-0.40	3	🔲富邦金(2881)	-3,705	29.00	-0.55
4	🔲佳能(2374)	1,260	38.20	0	4	🔲國泰金(2882)	-3,534	46.50	-1.65
5	🔲台泥(1101)	1,146	32.15	0	5	🔲中鋼(2002)	-3,371	28.65	-0.15
6	🔲三陽(2206)	755	14.85	+0.30	6	🔲新光金(2888)	-2,646	13.30	-0.60
7	🔲緯創(3231)	750	46.75	-2.90	7	🔲開發金(2883)	-2,491	7.90	-0.14
8	🔲國揚(2505)	712	18.70	+0.10	8	🔲彰銀(2801)	-2,076	14.20	-0.40
9	🔲合晶(6182)	661	58.60	+2.40	9	🔲永豐金(2890)	-2,024	9.34	-0.44
10	🔲長虹(5534)	636	69.90	+4.50	10	🔲聯電(2303)	-1,858	11.80	-0.45
11	🔲華票(2820)	594	9.88	-0.22	11	🔲巨橫(9136)	-1,830	27.20	0
12	🔲長興(1717)	594	25.30	-0.20	12	🔲兆豐金(2886)	-1,827	14.70	-0.50
13	🔲華晶科(3059)	507	43.80	+1.00	13	🔲和鑫(3049)	-1,737	18.20	+0.10
14	🔲第一金(2892)	479	18.40	-0.75	14	🔲鴻海(2317)	-1,704	101.00	-3.00
15	🔲國巨(2327)	449	6.73	-0.01	15	🔲中華電(2412)	-1,692	64.30	+0.80
16	🔲華航(2610)	432	8.31	-0.37	16	🔲陽明(2609)	-1,604	12.40	-0.30
17	🔲正文(4906)	391	55.20	-1.10	17	🔲達俥(4904)	-1,584	38.65	+0.20
18	🔲大聯大(3702)	355	29.30	-0.60	18	🔲華南金(2880)	-1,564	19.85	-0.55
19	🔲鈺德(3050)	351	8.90	-0.40	19	🔲台新金(2887)	-1,473	11.00	-0.25
20	🔲矽統(2363)	325	12.50	-0.40	20	🔲臺塑(1301)	-1,388	60.00	-1.20
21	🔲聯強(2347)	308	50.00	0	21	🔲兆強(2034)	-1,321	26.20	+1.70

自營商範例 ①

（圖片來源：XQ全球贏家）

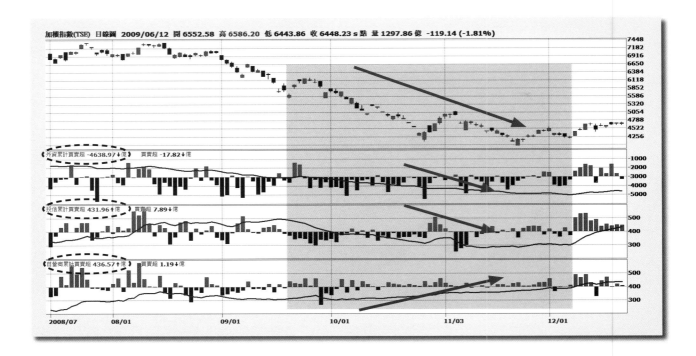

說明

以方框內為例，外資、投信持續的把籌碼丟出來，只剩自營商獨自還在買超的情況下，市場就像沒有大人在家的房子，只剩大孩子（自營商）與小孩子（散戶）把籌碼丟來丟去，這種情況通常不怎麼有行情。

自營商範例 ②

（圖片來源：XQ全球贏家）

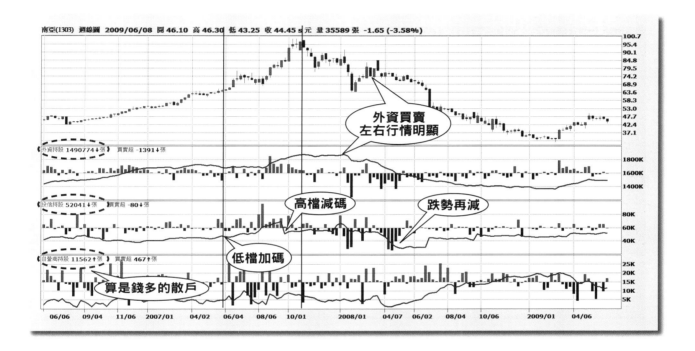

說明

三大法人比較一下。

外資左右行情的能力最高，尤其是大型股常常是看外資買它就漲、外資賣它就跌。

投信的操作手法最為靈活，從很多個股的例子中可以看出，行情漲太多了，投信就會減碼；而且有非常多的例子是投信很早就布局，在行情沒有出現動靜投信就開始加碼買進了。有時真不得不佩服投信操作的眼光。

自營商的買賣是最沒有邏輯的，投資人可以把它想成是一個很有錢的散戶。所以自營商的庫存最不具參考性。

自營商範例 ③

（圖片來源：XQ全球贏家）

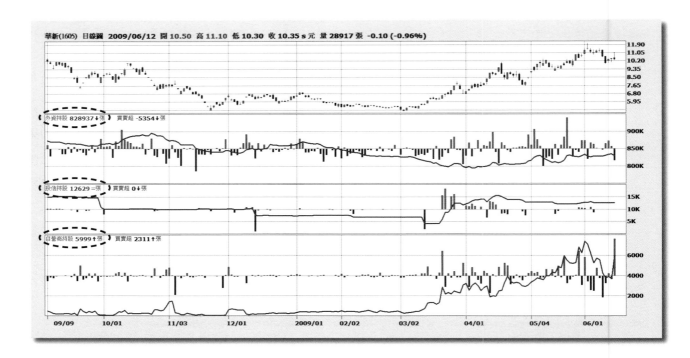

說明

雖然不必隨著自營商進出，但當自營商對著
單一個股大量敲單時，投資人要特別小心。
以這個例子來看，自營商的進出與個股的漲
跌幾乎是同步。

五、集保與質押

所謂的集保，簡單講就是「有價證券集中保管」的意思。

現在的股票都是採「無實體發行」，企業股票上市只會印製一小部份一張一張的股票給股東，其他一般買賣股票並沒有實體股票出現，只需將資訊傳給證交所與集保中心就能交易。

舉個例子來說，一家新成立的公司股本100萬，每張股票面額10元等於發行了10萬張股票，這10萬張股票就是在市場上這家企業全部的流通股票，假設包括大股東在內都選擇不把股票拿回家而放進集保，那麼，流通在外面的股票有10萬張，集保也有10萬張。

如果有一天，大股東A想要籌措錢，利用所持有的股票向銀行質押借款，他勢必要把股票從集保那邊拿出來，假設大股東A拿走了1萬張股票，那麼，集保就只剩下9萬張股票。

集保庫存也可以用來評估一家公司的股權是否分散，因為早期原始的大股東傾向於把股票帶回自家放進保險櫃，而散戶為了交易方便會選擇交由集保保管，因此，集保庫存愈高表示散戶持有股票愈多，相對而言籌碼就愈亂。不過，這種看籌碼的方式並不完全正確，比較合理的判斷是大股東們把股票從集保中拿出來的「流向」，若大股東是拿了股票向銀行質押借款操作自家的股票，行情就有可能出現大波動。早期的一些老主力常動用自己的股票質押借錢護盤，但現在這種情況就比較少見。

那麼，散戶的融資融券對集保庫存是否有影響呢？

答案是完全沒有影響。

舉例來說，小美想買這家公司股票，融資向借商借錢買了50張，集保數字還是9萬張，因為小美的交易行為只是券商把借錢給她，買了股票後還是交付集保。唯一不同的是，如果小美是用現股買進的話，在集保的帳號這50張股票是小美所有；若小美是融資買進，集保的帳號這50張是券商所有。

結論：

了解籌碼目的在看籌碼的安定度，沒有辦法用單一的某一項籌碼指標來做為買賣的標準，但原則上，若籌碼安定（不那麼高的比例在散戶的手裡），在股價的量能還沒失控之前，只要是量價緩步上升股價就可以持續上漲；相反的，若籌碼不安定，意味著一種失控，股價就容易暴漲暴跌。

Part 2

辨認底部的5種圖形

戰勝莫衷是一的消息面與虛實參半的資金行情，
技術分析還是最老實、最不會說謊的工具。
雖然沒有100％準的技術分析，
但利用的簡單、有效的圖形判斷方法，
卻可在混亂的行情中進退有據。
本文以短線操作（約一星期）
底部圖形的辨識為範例，
投資人可以依據這個規則，
設定不同的參數以符合自己的交易周期需求。

■ 辨認底部的第 1 種圖形

由三條移動平均 " 價 " 圍成支撐平台 ⋯⋯⋯⋯⋯

在長期下跌行情中，5日、10日和20日均線會呈現空頭排列，如果這個空頭排列一直持續，下跌趨勢不會改變。

什麼情況才有可能逆轉空頭市場呢？

先來想想，如果是行情已經到了底部，投資人的心情與行為會如何轉變？

首先，因為跌太久了，積極想賣的人大都賣掉持股了，現在還留在市場上交易的人變少，所以成交量不大。

要形成底部的一開始，買盤是慢慢的進場、試探性的進場，隨著股價的回升，5日均線會逐漸的超過10日均線。

出現5日線超過10日線代表什麼意義呢？

代表最近5天內新進場的投資人平均的帳面上成本價已經超過最近10天投資人平均的成本價，一方面來說，近10天買進的投資人帳面是賺錢的；另一面，近5天的投資人願意用高於近10天買進投資人的平均價把股票「搶」到手裡，換句話說，對新近5天的投資人而言，他們對股票的需求是超過新近10天投資人。

在長期下跌的行情中，投資人已經很久沒有賺到什麼錢了，5日均線向上穿過10日均線，代表開始有人賺到錢了，這將鼓勵投資人再接再厲的繼續持股。

若5日線能穩穩的站在10日線之上，市場的天平已經有向多方傾斜的味道。

這種天平持續發展，5日均線也向上穿過20日均線，又讓近20天內買進股票的投資人

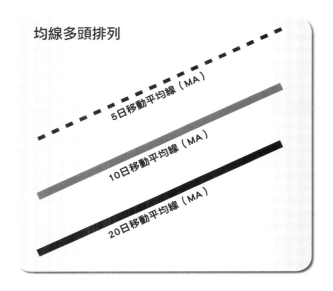

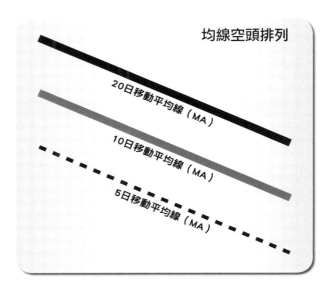

賺到了錢，這種消息將持續激勵投資人並引發一種現象，就是持有股票的人捨不得賣掉，因為供給量變少，還沒有買到股票的人為了追逐有限的籌碼就願意花更多的錢向股票持有者購買，終於有一天連10日均線也向上穿過20日均線。最後，這三條線形成三重穿越，一旦出現這種形狀表示獲利已經從近5日、近10日擴展到近20日的投資人都賺到錢了。

這種正循環會彼此影響並強化，有很高的機率會讓原本空頭排列扭轉成多頭排列。由此就可判斷空頭行情結束，即將展開多頭行情。

成功的V.S失敗的三重穿越

在看圖實務上，投資人若認真的去找這種三重穿越的均線支撐平台一定會感到疑惑——

有時候明明已出現三重穿越，但行情並沒有真的往上走！

為什麼？

一般說來，在激烈的價格走勢發生以前，會有一段狹幅的行情，這種行情變慢代表買賣雙方都處於緊張的情緒，一旦這種緊張平衡被打開，價格就會因為之前積存的能量而展開大幅走勢，如果預測未來走勢是向上，在價格尚未向上之前，均線會先向內收斂或糾纏在一起，有經驗的投資人在尋找標的時，會先找出均線已經糾在一起的標的，當能量出現「一邊倒」時，立刻就選邊站，如此就能「捉」到之前被積壓的上漲（下跌）行情。

由於愈短期的均線愈敏感，它是最靠近價格的走勢，也就是最能代表當時行情的均線，若是之前積蓄的能是向上，那麼短期的均線會先上揚、接著中期、長期的均線也會上揚，而形成三重穿越的情況，而這三條線若其中有一條不是向上彎的趨勢，即使其中兩條因為行情急漲而使得三條線交叉，也不構成三重穿越的行情。

在出現均線都向上彎的三重穿越圖形後，投資人可以繼續持有股票只要這三條線上升的趨勢沒有變化，都可以站在多頭的這一邊。

除了用5日、10日、20日移動平均線為三重穿越的標準外，也有人採用3日、7日、21日或4日、9日、18日移動平均線作為參考。

成功的移動平均線三重穿越

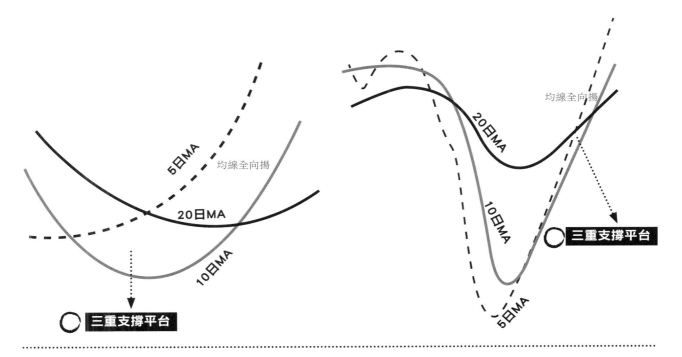

失敗的移動平均線三重穿越

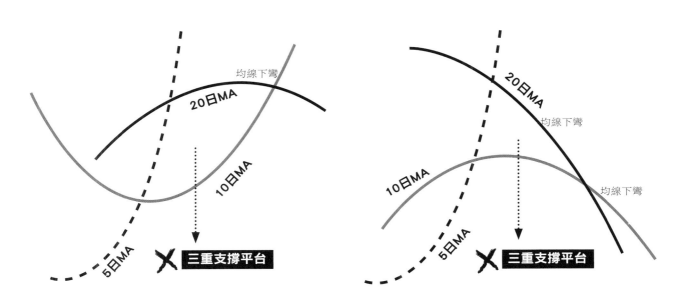

範例 ①

（圖片來源：XQ全球贏家）

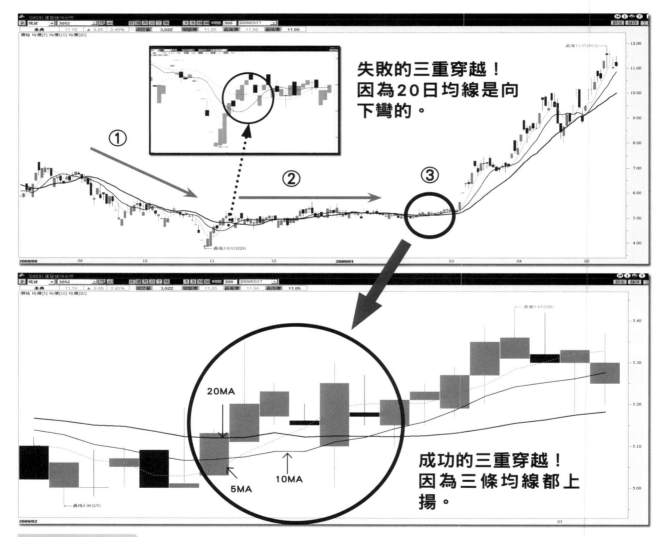

失敗的三重穿越！
因為20日均線是向
下彎的。

成功的三重穿越！
因為三條均線都上
揚。

說明

①先前是一段長達三個月的跌勢，②之後行
情呈現跌不下去也漲不上來的盤整，一直到
5日、10日、20日均線出現三重穿越的支撐
平台③，顯然最近20天內購買股票的投資
人都賺到錢了。

有了這個支持平台，股價脫離盤整，把之前
積壓的上漲能量釋放出來開始往上攻。

範例 ②

（圖片來源：XQ全球贏家）

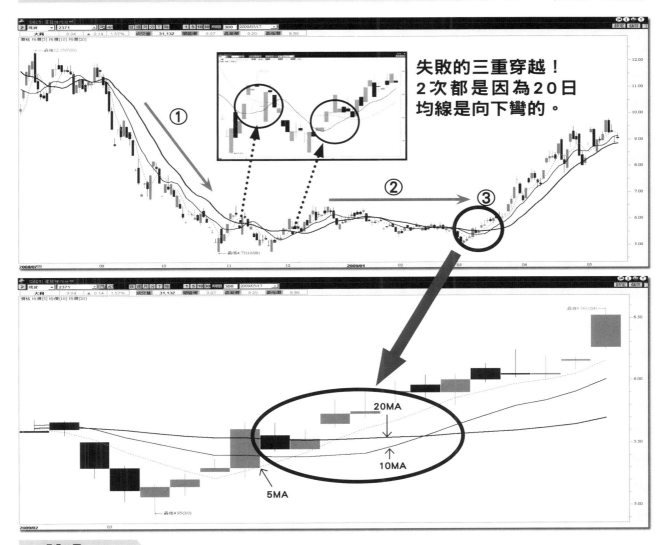

失敗的三重穿越！
2次都是因為20日
均線是向下彎的。

說明

與前一個範例幾乎是完全一樣的走勢——
①先前是一段長達三個月的跌勢，②之後行情呈現跌不下去也漲不上來的盤整，一直到5日、10日、20日均線出現三重穿越的支撐平台③，顯然最近20天內購買股票的投資人都賺到錢了。有了這個支持平台，股價脫離盤整，把之前積壓的上漲能量釋放出來開始往上攻。

■辨認底部的第2種圖形
由三條移動平均"量"圍成支撐平台 ·················

　　底部形態的出現除了價的變化，還有成交量的變化。

　　本文也以5日、10日和20日的移動平均量做說明。

　　如果一定要比較的話，觀察成交量出現底部的徵兆要比價格出現底部的徵兆來得重要，畢竟，量是價的先行指標，通常是先看到量的變化，才出現價的變化——

　　跌勢的市場中，隨著股價愈來愈低，人氣就會潰散，形成價跌量跌的情況。

　　什麼時候才是止跌訊號呢?

　　一旦長線投資人開始意識到「這裡已經是低點了」並逐步買進，經過一段時間成交量將緩慢的變大，5日均量線若向上穿過10日均量線，此時市場將更進一步加溫再次吸引長線客進場，若投入的人持續增加，5日均量線也會往上穿過20日均量線，隨著買進的人開始熱絡起來10日均量線也會往上再穿過20日均量線，這三條線封閉起來，猶如一個支撐平台。

　　出現這種支撐平台，行情不見得一開始就有所反應，但已經可以預言不久之後有可能行情即將擺脫弱勢局面。

　　底部成交量逐步放大是誰的傑作呢?

　　我們可以把它們視為是主力與市場的先知先覺者早一步的布局。

　　量的三重穿越在底部區出現，算是很可靠多頭訊號之一。

• 移動平均量支撐平台

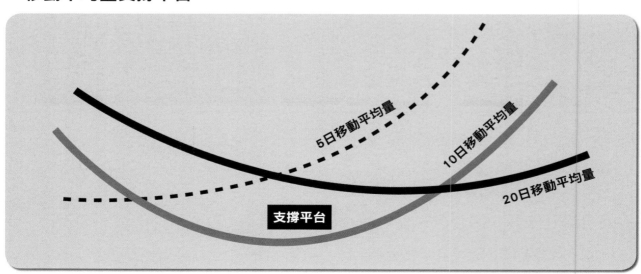

5日移動平均量 / 10日移動平均量 / 20日移動平均量 / 支撐平台

範例 ①

（圖片來源：台証證券 超級大三元）

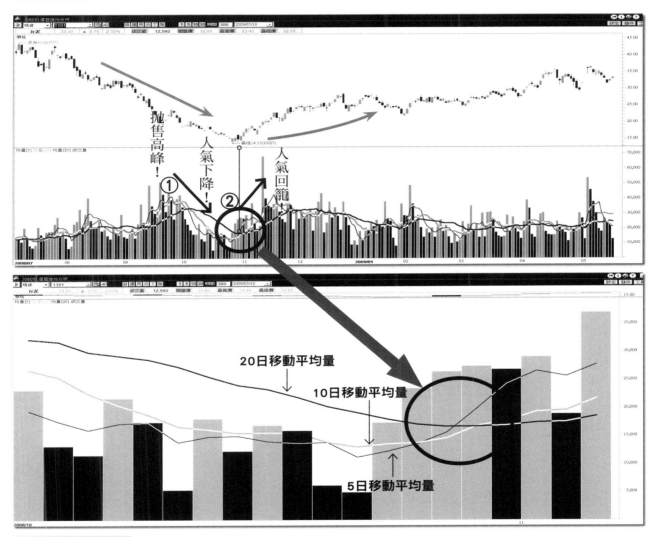

說明

在連續好幾月的跌勢中，成交量從拋售高峰 ①走向價跌量跌的沒人氣狀態②，因為沒有 人氣，就很難有行情。當投資人都快遺忘這 檔股票，先知先覺的買盤悄悄進場，出現5 日移動平均量穿過10日、20日，三者封閉 起來，成為一個量托的平台，是底部人氣回 籠的徵兆。

範例 ②

（圖片來源：台証證券 超級大三元）

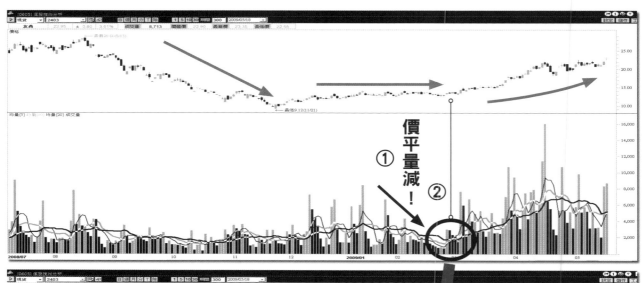

價平量減！

① ②

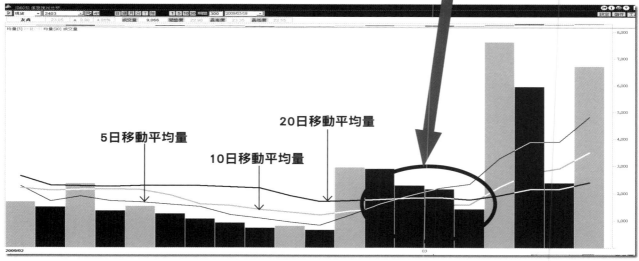

5日移動平均量

10日移動平均量

20日移動平均量

說明

①看到「價平量減」（詳見「超入門①技術分析」）投資人應該能分辨－－當人氣在減少，可是價格卻沒有跌下去，表示持有者仍算積極後市依舊看好，不過何時才能終結盤整局面呢？當成交量先有所表現，股價上漲就可期了。這時均量的三重穿越②算是可靠訊號。

■ 辨認底部的第 3 種圖形

陽、陰、陽 的 K 線 排 列 ········

行情經過長期的下跌出現跌無可跌、漲又漲不上去的盤整一段時間之後，一旦出現底部逐漸提高，投資人可以開始留意K線的底部訊號「陽、陰、陽」這樣的排列行情。

在長期下跌中第一天出現象徵有希望的陽線棒時，股票持有者想「先落袋為安」的應該很多吧！畢竟行情已經跌太久了，要堅定的持有實在沒有太大信心，因此，第二天的行情出現上漲乏力的陰線（開高走低）或出現上影線（有關上影線的說明，詳見投資達人VOL.01）機會就很高。

第三天若真是屬於上攻行情，多頭投資人勢必不甘示弱將再度進場，因此，這一天又收陽線棒。第三天的行情不一定要漲很多，但只要是漲勢，就會讓多頭投資人信心加倍。

投資人可以把它想成，第一天多頭的投資人不甘心第二天行情被打壓，第三天非得再把行情至少拉到與第一天一樣，如此，表示第一天多頭的投資人是有決心的。

像這樣，在跌得鼻青臉腫的低迷行情或盤整行情中出現「陽、陰、陽」這種兩陽夾一陰的K線排列時，可以把它們想成是多頭投資人夯實底部的訊號。

這種情況有可能反復的出現在底部區，除了「陽、陰、陽」的排列外，也有可能「陽、十字、陽」的排列，都是築底的圖形。有時，行情在上升了兩三天之後，才出現「陽、陰、陽」也算是夯實底部的圖形，可以解釋為多頭為了向上繼續攻堅，先將持有股票意志不堅定的籌碼先洗出場外的情況，這種圖形同樣對未來大波段上漲有加分的作用。

而最強力脫離底部的訊號，莫過於在前三天「陽、陰、陽」的K線排列之後，第四天立刻跳空上漲（或大陽線），若第五天再出現跳空上漲（或大陽線）的情況，更能肯定行情是擺脫低迷迎接另一番多頭行情。

範例 ①

（圖片來源：台証證券 超級大三元）

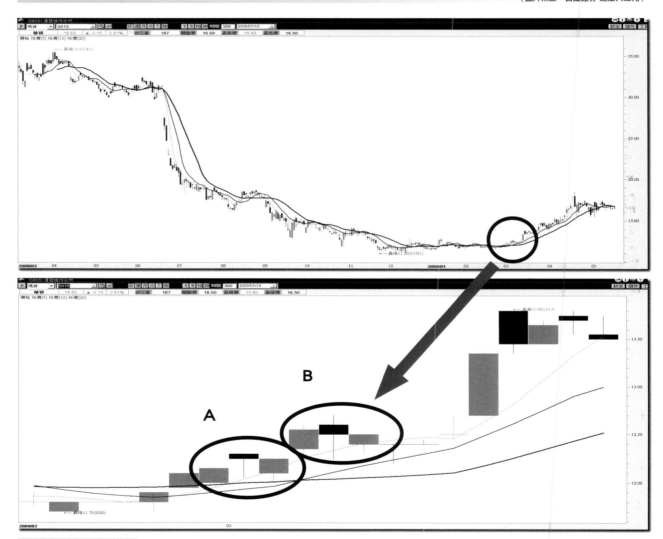

說明

就像打造夯土必需一上一下的落槌一樣，行情底部常常反復出現陽、陰、陽的K線排列，行情不一定很大，卻為出現大陽線或跳空上漲積蓄平台與能量。本圖A與B就是這種兩陽夾一陰的排列。

範例 ②

（圖片來源：台証證券 超級大三元）

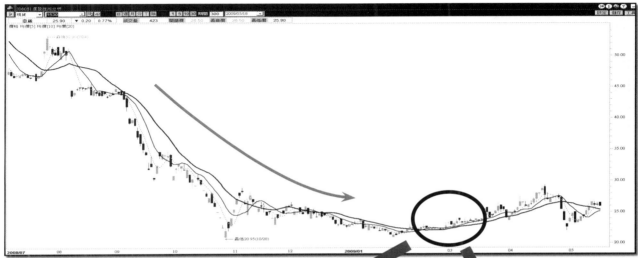

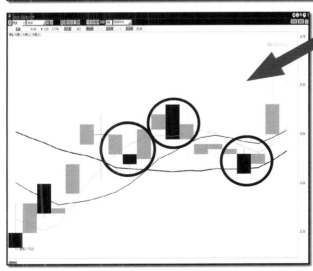

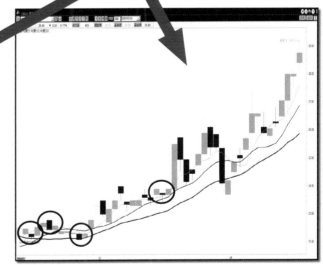

說明

陽、陰、陽的排列，在築底時常會不斷的重
復出現，築底愈堅實，將來漲勢也愈值得期
待。

■ 辨認底部的第4種圖形

支撐平台+底部陽、陰、陽排列…………………

發現底部出現移動平均線價（量）三重穿越時，投資人可以把那個位置想成是一處支撐行情不下跌的平台，這片平台可以防止行情不再繼續下跌，不過，雖然行情不容易再下跌，但並不表示從此就要上漲了。

要上漲得看是否出現往上漲的能量。

前面提到的「陽、陰、陽」排列是築底的重要圖形，若是戰場的話，它們是先遣部隊，並不具有攻擊力，但當將領調集先遣部隊上前線，就離開戰已經不遠了。

假設，在均線上已經出現「跌不下去」的三重穿越平台，在K線上又出現準備向多頭攻擊的先遣隊，那麼，投資人即使沒有辦法立刻捉到上漲行情，至少，要跌的機會將減少很多。

一來，支撐平台說明最近5天、最近10天、最近20天，在出現穿越形封閉的當時，這三組人馬都是賺錢的，這已經證明短期內多頭已經戰勝空頭。對應於長期的虧損而言，這些投資人短期是獲利的。

二來，一漲、一跌再一漲的K線，說明多頭的一方已經恢復戰力可以壓制空頭了。

空頭是否成功的被壓制了呢？

可以看第四天。如果第四天行情漲了很多例如出現大陽線甚至是跳空上漲，這更證明了，多頭已經逼著空頭棄械，轉空為多。

綜合整理上面所說的，當均價（量）已經出現三方會合的支撐平台，可以想像成行情的下跌之路已經被封閉了，若在平台上又出現「陽、陰、陽」的K線排列，接著再出現一根壓倒空頭行情的K線（比方說大陽線或跳空上漲）那麼，空頭已經被制伏了，接著就是進入下一輪的上升通道。

三重穿越的支撐平台與陽、陰、陽的K線組合，不一定只會在一輪行情中出現一次組合，也有可能在上升途中短暫的獲利了結把行情打下來後再接著出現第二次組合，同樣，這也是買進訊號。

範例 ①

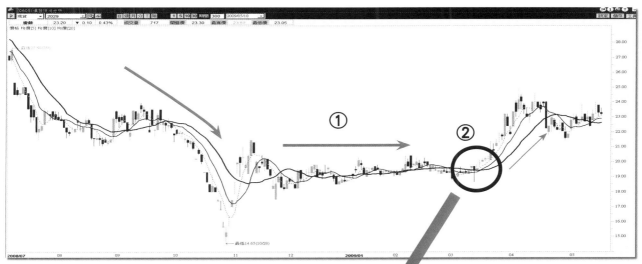

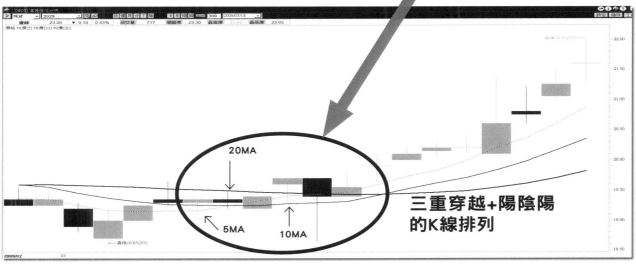

三重穿越+陽陰陽
的K線排列

說明

①在一段長期間的盤整後，在②出現價格有

支撐的三重穿越平台，上面又出現陽、陰、

陽K線排列，擺脫底部的訊號更加明確。

範例 ②

（圖片來源：台証證券 超級大三元）

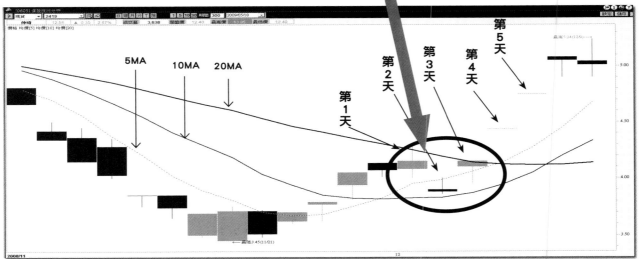

說明

在連著幾個月的下跌之後，均價已經出現封閉起來的支撐平台，在這種底部辨識度很高的圖形上，又出現陽、陰、陽的「夯實」K線排列，第四天行情直接跳空大漲第五天也接續大漲，是標準的擺脫空頭行情，迎向多頭行情的圖形。

□ 辨認底部的第5種圖形

光腳丫子的週線圖 ·····

判斷是否仍在不透明的市場，除了看均線、均量與K線也可以配合形態。

若你是短線交易者，先看週線以發現趨勢也是很好用的。

例如，當股價一直在26週移動平均線之上變化，而且移動平均線本身是轉為向上揚的，若週線出現黃金交叉並已經突破最高價的話，更可以確認進入中長期的上升趨勢。

本頁下圖是加權股價指數的周線圖，在一段長時間的急跌之後，有段長時間的盤整，在股價出現黃金交叉並突破盤整最高點，開始有一段不小的上漲。這樣的圖形好像一個人的光腳丫子，光腳丫子只要腳趾頭向上揚，大行情就開始啟動！

次頁是四檔同時間的不同股票，圖形與均線交叉的方式非常雷同，而股價行進的方式也幾乎一模一樣，都是在突破盤整後就啟動上漲行情。當出現了這樣的「光腳丫」圖形，只要高點被突破均線沒有向下彎，投資人都可以繼續持有。

光腳丫圖形 **範例 ①**

（圖片來源：XQ全球贏家）

光腳丫圖形 **範例②**

（圖片來源：XQ全球贏家）

光腳丫圖形 **範例③**

（圖片來源：XQ全球贏家）

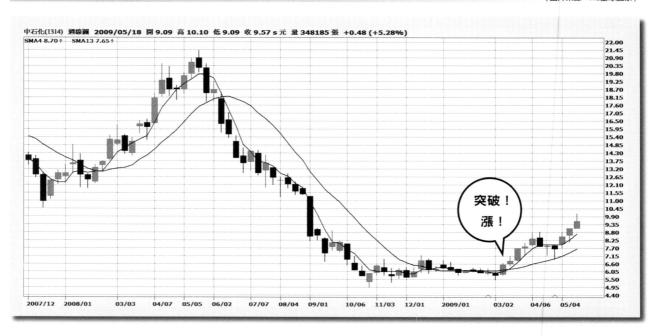

光腳丫圖形 範例 ④

（圖片來源：XQ全球贏家）

台肥(1722) 週線圖 2009/05/18 開 100.00 高 106.00 低 98.20 收 105.50 s 元 量 92614 張 +5.50 (+5.50%)
SMA4 94.20↑   SMA13 73.97↑

突破！
漲！

光腳丫圖形 範例 ⑤

（圖片來源：XQ全球贏家）

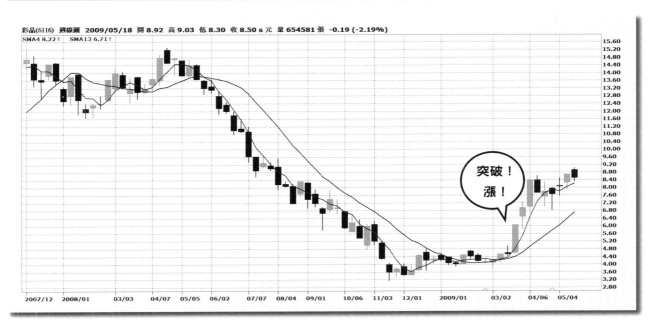

彩晶(6116) 週線圖 2009/05/18 開 8.92 高 9.03 低 8.30 收 8.50 s 元 量 654581 張 -0.19 (-2.19%)
SMA4 8.22↑   SMA13 6.71↑

突破！
漲！

均線的多、空、盤整排列

·多頭排列

當長天期移動平均線向上移動時，就表示目前行情處於上漲趨勢，屬於多頭市場，這時候即使是短天期移動平均線向下移動，可能也是只是短暫回檔，其上漲趨勢並沒有改變。

多頭排列是買進的最佳時機，順著這個行情一路買上去是順勢操作，但是，如果股價與短天期的移動平均線相繼都跌到中長期移動平均線的下方，而且長天期的移動平均線也有向下彎的趨勢，這時的盤勢也有可能即將反轉向下。

一般來說，當60日均動平均線（季線）滑落到240日移動平均線（年線）之下，可視為「大空頭市場」來臨，股市會有一大段跌勢。一旦遇上大空頭市場來臨，投資人就可以先放空賺上一段再說。

·空頭排列

當長天期移動平均線向下移動時，就表示目前行情處於下降趨勢，屬於空頭市場，這時候即使是短天期移動平均線向上移動，可能也是只是短暫反彈，其下跌趨勢並沒有改變。

空頭排列是融券放空的最佳時機，順著這個行情一路放空是順勢操作，但是，如果股價與短天期的移動平均線相繼爬升到中長期移動平均線的上方，而且長天期的移動平均線也有向上彎的趨勢，這時的盤勢有可能即將上漲。

一般來說，當60日均動平均線（季線）升到240日移動平均線（年線）之上，可視為「大多頭市場」來臨，股市會有一大段漲勢。一旦遇上大多頭市場來臨，投資人就可以先買進做多賺上一段再說。

·盤整排列

當長、中、短天期的移動平均線糾在一起的時候，可以判斷行情為橫向整理，也就是多、空不明的市況，這時觀察移動平均線操作也就不容易判斷行情並獲得大的利潤，這種行情最好是保守以對，維持中間心態，尤其不能因為新聞的某個利多或利空的觀點而執著的認為「對！行情就是要這樣子走！」最好的方式是採用短線交易靈活進出。

1根K線的順勢交易法

在搞不清楚行情是要多還是要空的市況中，
「撿便宜」一事萬萬不可，
除非你是巴菲特型採逆勢交易的長期投資人，
否則，
短線＋順勢交易較為安全。
勤勤懇懇的累積小利潤，
試試這裡所提的1根K線順勢交易法，
好學好用也不難賺哦！

· 投資達人2──認識當線的圖形：拉下影多？空？

■ 1根K線的順勢交易法①

跌就買！？這想法要不得⋯⋯⋯⋯⋯⋯⋯

　　投資人先想一想這樣的場景——

　　股價急跌散戶深受傷害而黯然離開股票市場，如今，行情有回溫跡象，於是媒體宣稱：之前跌太深了，股價現在便宜，可布局⋯⋯

　　投資人心裡度量著：現在這麼便宜未來應該有很大上漲空間，因此趁股價下跌時買進股票「逆勢投資」。

　　這樣的邏輯是正確的，不過，只對於中長期的投資人有效；對於短期交易的投資人可能是場災難。

　　在不明朗的市場狀況下應該採用能正確讀取行情動向的「順勢交易」比較合理。

　　順勢交易的好處是即使股價處於難上漲的行情，也能賺錢；若投資人進一步看清趨勢，就可以賺到更多的錢！

　　想一想，這是不是比單向認為「行情到底了，應該要上漲」的逆勢投資者在思維上與行動上更靈活也更務實呢？

　　簡單來說，現在能賺到錢的人，都是那些不貪心、不討厭一再停損、持續做合乎常識的投資的人。

　　這裡再不厭其煩的強調，逆勢投資是不可行的，股價必需持續往右肩上揚才能獲利，若認為目前的股價便宜而買進，必須弄清楚是以什麼做根據才行。

　　試想，若股價跌破100而投資人大都輸錢而離開市場時，當股票來到70元實在不能算它們是便宜。

　　股票市場裡的「貴」與「便宜」從來就不是絕對值而是相對值，要評估其為「便宜」必需有其相對應的評估標準，例如，以企業獲利為評估的本益比或是以企業資產為評估基礎的股價淨值比。

　　若以PER（本益比）為基礎，比方說上一年度EPS 3元的股票價位現在是45元（15×3）。預估明年EPS可賺4元，現在股價若45元，這個價位就算便宜，因為若以同樣的PER15倍來計算，合理價在60元（15×4）。（詳見「股票超入門③基本分析篇」）

　　不過，著眼於「將來獲利會成長」的前提而投資不能叫「逆勢」，因為當投資人認為明年會賺4元、後年會賺5元，不管是60、100、甚至200元也不會覺得股價貴，重點是，這種期待是帶著賭博性質不切實際的想法。首先，你得肯定企業未來真的會賺進3元、5元，再者，得有那種決心持有股票3年、5年。若你的心態是短期交易，這些想法都不切實際。

■ 1根K線的順勢交易法②

僅靠K線就買賣 ···

不是價格低就是低價，也不是本益比低所推算出來的低價，那麼，這裡所建議的順勢投資究竟是以什麼為基準呢？

雖然不知道股價會漲或跌，但漲時就買進、下跌時就賣出，這就是順勢交易法最原始的出發點。換言之，就是站在市場大多數投資人的共識上行動。

在PART1時所談的籌碼，重點就在於搞清楚參與投資者的"行動方向"，短線交易就是跟進最大力量的行動方向就對了。

而投資人集體多、空交戰的結果表現在圖表上就是當跌破最低價時，就將其定義為下降趨勢；當行情往上突破最高價時，將其定義為上升趨勢。從這個標準來定義「漲」、「跌」每一位投資人的見解都是相同的，這是客觀的訊號。

投資人都在緊盯著行情是否有跌破某一價格或漲超過某一價格，當訊號出現後，大家往往會一起行動，投資人只要跟著這種勢頭即可。夠簡單吧！

那麼，圖形要變成怎麼樣後才買進？圖形要變成怎麼樣才賣出呢？

首先，處於上升局面也就是行情沒有破前一天的最低價；如果行情跌破最低價，就有可能成為最高價而開始往下跌。

處於跌勢中，若沒有出現超過前一天的最高價，就會有人陸續的賣出股票，如此一直跌跌，跌到有出現行情超過前一天最高價時，就可以考慮買進，因為，接下來可能會出現上升走勢。

這種超簡單的判斷方式，就是「跟上去」的概念，雖然不知道什麼時候將大漲或什麼時候會大跌，反正就是「跟上去」。

具體的交易規則

綜合上面所說的歸納出買進、賣出簡略的原則是——

出現比前一天最高價更高的價格，買進；出現比前一天最低價的更低價格，賣出。而在這中間，判斷上升局面持續就是用前面所說的方法，也就是在不跌破最低價之前，都視為上升局面還在持續；在不漲過最高價之前都視為下跌局面還在持續。

如果投資人採融資與融券一起運用，那麼，綜合這種機械性的操作邏輯就是：

①若行情出現超過前一天的最高價，就融資買進，也就是假設現在起開始走上升局面。

②每天盯盤檢查有沒有出現跌超過前一天的最低價，若沒有跌超過前一天最低價就一直持有。

③若跌超過前一天的最低價就在跌破的時

看盤範例

（圖片來源：XQ全球贏家）

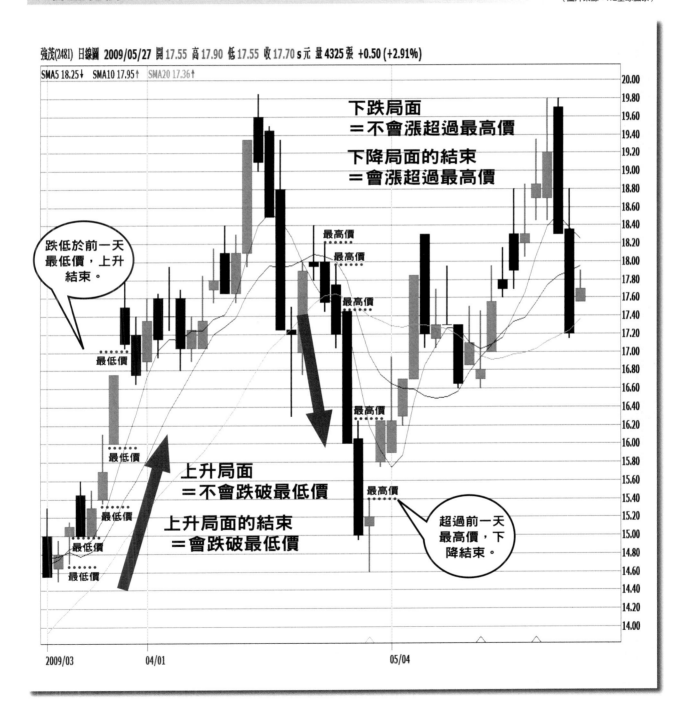

候賣出持股，並採融券，也就是從此可認為行情將走下跌局面。

④下跌的局面中每天盯盤檢查有沒有超過前一天的最高價，若沒有超過前一天最高價就持續站空方。⑤若出現超過前一天最高價的行情，就買進償還融券，並再融資買進。

用這種方式重複操作，目的是順勢追蹤短期行情的變化。

這種方法日線與週線看圖法完全一樣。看日線訊號出現比較多，可是買進或賣出訊號雜訊也會增多。交易就得一直頻繁的買進賣出，若白天可以一直緊盯著行情變化的話，還能跟得上腳步，但白天必需上班的上班族就沒有辦法這麼頻繁的進出，若一定要這樣交易就必需設定網路下單，採用多條件下單，或是只根據週線，指定買進或賣出價格！

標的選擇訣竅

投資人在學會這裡所講的買賣圖形判讀方式後一定會發現「如果行情走單邊市場（一直多或一直空）這種方式就很好用，但若行情膠著則會讓投資人疲於奔命，甚至得忍受不斷的停損，並蝕掉好不容易到手的利潤。

因此，如何選擇交易標的，最好是挑選圖形漂亮（趨勢清楚容易看）的個股！

容易出現趨勢的個股，投資人的共識會明明白白的表現在圖表上，這樣對採用這種方法的人就十分有利。

為什麼圖表不容易看的就不對它交易呢？

若線圖不容易分辨出多空趨勢，意味著多空交錯，也就是投資人共識未能清楚顯現，想在這樣的市場上獲利，光靠自己一廂情願的想法是不行的。

目標獲利 1％／天

這是一種微利交易，如果你老是賺不到錢這一招很管用，如果你的手上有100萬的現金，一天若能賺1萬元就已經足夠。在銀行年利率不到２％的現況下，100萬元以無風險的利率運用一年，所獲得的錢也不到２萬。若能每天獲利1％這樣的成績就應該很滿足，但如果想以100萬元1天賺10萬的話，就無法做正確的投資。讓貪欲遮蔽了眼睛，偏離世上的常識想一舉致富，往往會遭遇失敗。會增加資產的是那些一次小部份地賺錢，不斷地累積，而且有不利情況出現時懂得做停損的人。

交易範例　【週線】

（圖片來源：XQ全球贏家）

交易範例　【日線】

（圖片來源：XQ全球贏家）

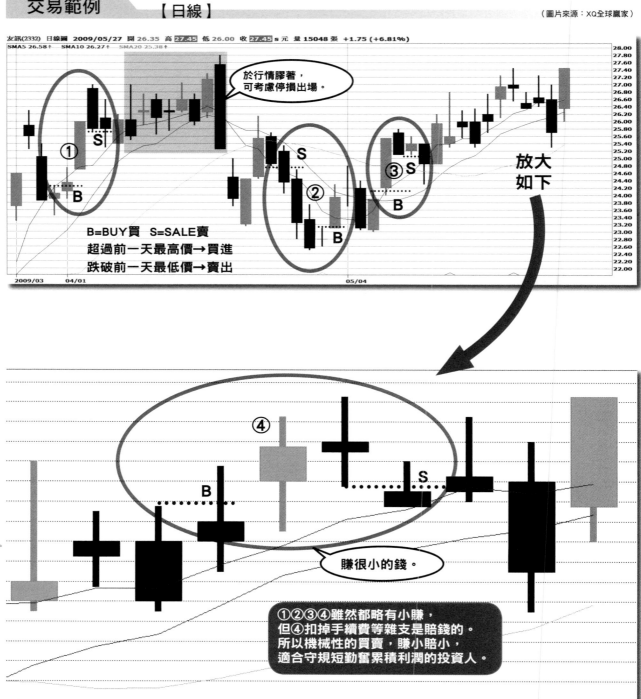

於行情膠著，
可考慮停損出場。

B=BUY買　S=SALE賣
超過前一天最高價→買進
跌破前一天最低價→賣出

放大
如下

賺很小的錢。

①②③④雖然都略有小賺，
但④扣掉手續費等雜支是賠錢的。
所以機械性的買賣，賺小賠小，
適合守規短勤奮累積利潤的投資人。

交易範例　　【日線】

（圖片來源：XQ全球贏家）

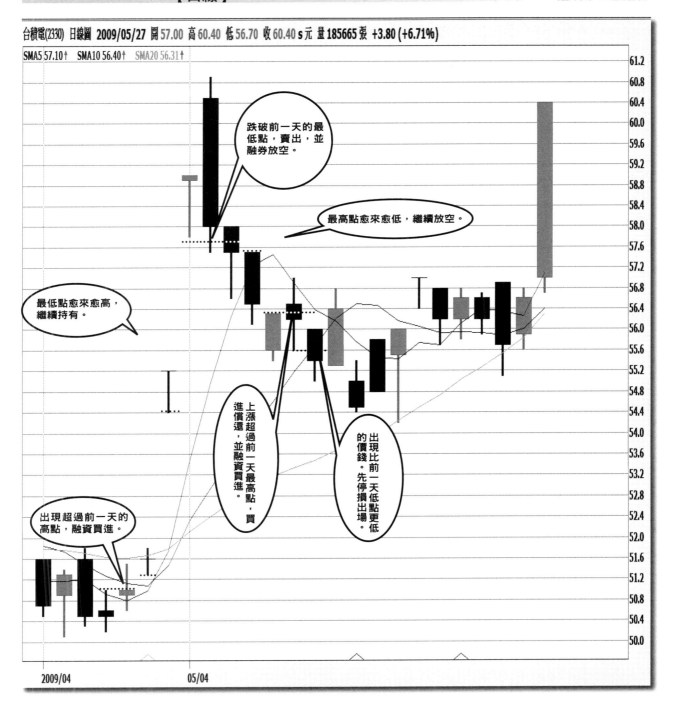

■1根K線的順勢交易法③
一面守規則，一面活用技術線型·····················

機械性操作，遵守基本規則的重要性不在話下，但不能說死硬的遵守規則就是全部。

首先，要留意長期的趨勢，知道大的趨勢是上升或下降，股價目前在那一個位置，當研判整體趨勢為下降趨勢的話，停利與停損都必需要快，不能拖拖拉拉；反之若是上升趨勢，停損停利就可以多做觀望，雖然說看起來都是一樣，但股票市場上本來就應區分強、弱以對應自己的交易策略。

再來，就資金量方面，當趨勢明朗時可加大，若仍不明朗時就必須節制謹慎。

最後，則應經常留意市場的共識，當超越最高價可解釋為有大買盤介入，而跌破最低價，則可解釋為有大戶在賣出，這些都要留意！

搭配技術線形靈活操作

知道股價變動的類型也是重要的。

例如，當行情由上升轉為下降，第一次發生跌深反彈，可能還會繼續上漲，但若股價再跌第二次且下降幅度加大時，投資人此時就應該賣出了，因為第1次或許可以解釋為偶然，但若第二次跌破之前的最低價，已不能說是偶然，這也是有名的技術分析理論艾略特波浪理論的應用（見右圖上）。

利用趨勢線趁早布局也是方法。

當股價超越在這之前的最高價與最高價所連成的上升壓力線時，也可以買進。不過，未能確定是否能超過最高價，故可視為暫定的上升。因為畢竟是暫定的上升，雖然股價變動幅度可能會上升加大，但停損的機率也會增加（見右圖下）。投資人對這些技術線形所透露的微妙訊息要把它們運用在這個方法裡面，上下斟酌以收取更好的利潤。

另一方面，當行情的方向性處於不明朗的「膠著」狀態時，即使很努力地遵守規則也有可能無法獲利。

又，雖然有超過最高價，但當天的K線為陰線；或有跌破最低價但當天的K線為陽線，此表示市場上投資人尚未形成共識……以上種種則有賴參考其他指標與熟稔的操盤經驗，原則上自己若不投入市場，是無法了解的。

幸好，現在網路下單的時代手續費便宜，可以先以最低的股數交易，若感到行情有異時就快逃跑。

例1 使用艾略特波浪理論

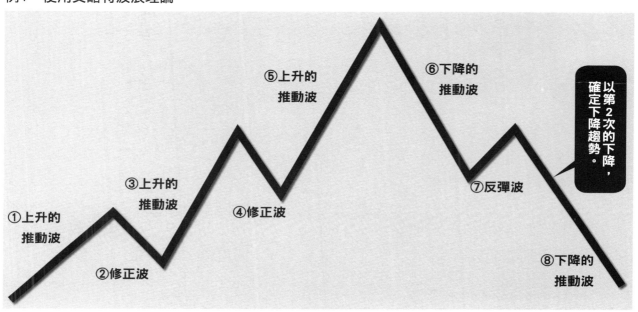

⑤上升的推動波

⑥下降的推動波

以第2次的下降，確定下降趨勢。

③上升的推動波

⑦反彈波

①上升的推動波

④修正波

②修正波

⑧下降的推動波

例2 使用趨勢線

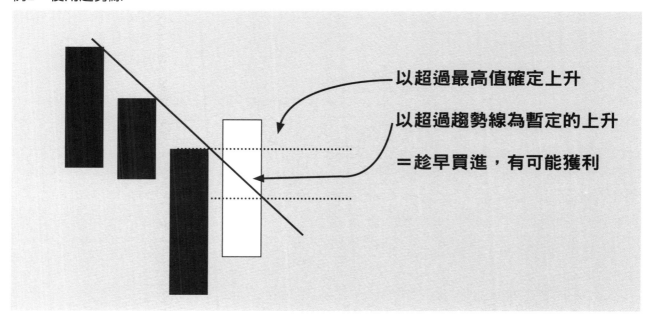

以超過最高值確定上升

以超過趨勢線為暫定的上升

＝趁早買進，有可能獲利

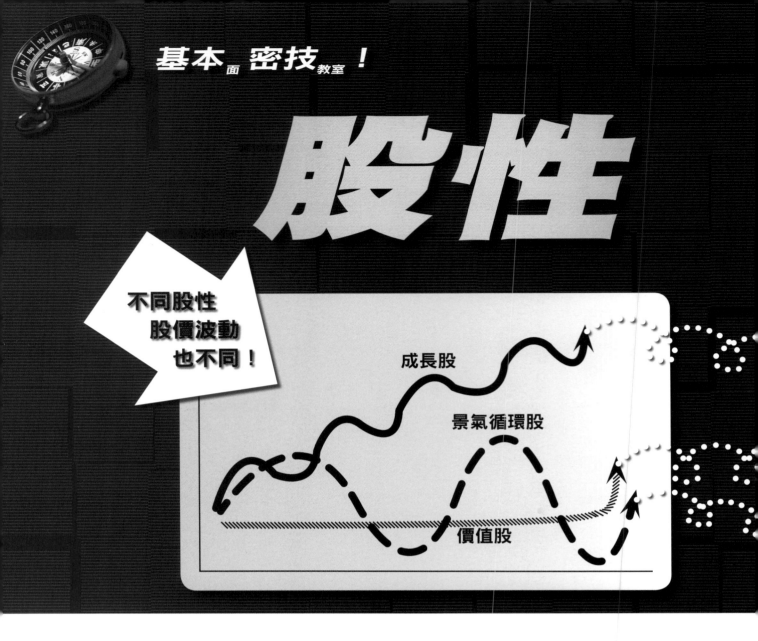

二、向成長股流派的高手學習

　　具體來講成長股應具備什麼條件？又怎樣才能找到成長股呢？

　　以下探討歐尼爾、費雪、巴菲特與彼得‧林區等四位經典高手對成長股投資見解的相同與相異之處。

(1) 利益的成長

　　成長股投資最先應該注意的是企業獲利成長問題。

　　對成長企業設立明確基準的是歐尼爾。

　　歐尼爾從1953年起把每年上漲的企業收集到一起，分析這些企業的共通特點成為有名的：CAN-SLIM。

　　歐尼爾的原則最重要的有兩個部份，第一個是最新單季常續性利潤成長（Current Quarterly Earning）和常續性利潤複和成長（Annual Earning Increases），也就是以季為單位，例如：前前期＋10％，前期＋15％，當期＋20％，像這樣成長率隨著時間的推移逐漸擴大的狀態。

完全認識 ②

股票像人各有不同的特性，達人把市面上的股票以基礎性格分成長股、循環股、價值股三類，其對應的交易手法也完全不一樣（本文為分則連載）。

	投資觀點	投資人天生條件	投資標的	利潤	風險	其他
成長股	產業構造變化	時代感感性的	人氣產業競爭激烈	如果賺就非常多	非常大	何時買進？
價值股	現在企業價值	豐富財報與會計的知識	迴圈產業	比較少	比較小	要有忍耐力
景氣循環股	景氣判斷	過去的經驗	重、厚、長、大的產業	比較多	比較大	不景氣買股的勇氣

彼得‧林區與歐尼爾的分析方式不同，他除了也投資如歐尼爾一樣的成長股之外，對於像是景氣循環股、業績恢復股、績優股、股價低於淨值的資產股等各種各樣的投資標準都可以在他的麥哲倫基金見到蹤影。而特別的是，林區對於小型＋急速成長股（年度利潤成長在20％～25％左右）的企業尤為熱愛。他認為這樣的中小企業一直持續成長，順利的話股價能夠上升10倍到40倍，在他的投資中也曾出現成長200倍的小型企業。

不過彼得‧林區與倡導利潤成長率越高越好的歐尼爾不同，他並不認為利潤成長愈高就一定愈好，反而傾向於對「年度利潤成長在25％以上的公司要有戒心」同時也強調，對於「成長率為50％以上的個股，接下來的情況就很不容易把握」，他認為50％是成長的界限。對於成長期待高的個股，成長停止時股價的下跌幅度就會越大。

此外與歐尼爾從來不拘泥於行業（不管是科技類股還是生技股總是先找到成長率高的公司）相比，彼得‧林區更看中外賣連鎖店和百貨零售類股的成長力。他十分留意找出那些在

10到15年年成長率持續為20％的身邊企業。彼得·林區認為，錢投入科技股市場，可能因為競爭對手開發了一項更高性能的產品股價一夜之間下跌一半；但是，外賣連鎖店和零售百貨類股通常比較不會出現一夜之間經營失敗的情況。不過，他也強調，這類型的投資者在投資期間應該要觀察競爭對手的動向。

歐尼爾的CAN-SLIM

C＝Current Quarterly Earning
（單季常續性利潤成長率）
A＝Annual Earning Increases
（年度常續性利潤複合成長率）
N＝New products,New Management,New Hight（新產品）
S＝Supply and Demand
（需求和供給）
L＝Leader or Laggard
（主導股，還是停止股）
I＝Institutional Sponsorship
（公司內部投資者持有）
M＝MarKet Direction
（股票市場的動向）

(2) 成長的速度

關於成長的速度，費雪和彼得·林區有著相同的觀點。他們同時都認為企業急劇的利益擴大是有相當危險性的。

這話怎麼說呢？

有些企業可能在銷售上並沒有成長，或許，它僅靠著一次性的節約經費也能使企業股價出現上漲。或者，因為所在的產業突然性的出現利多，搭上這種產業成長的順風車，企業也能在2到3年內銷售出現成長。費雪指出，這樣的企業即使財報是看起來是成長的，但也不能稱之為成長型企業。

他的這種見解不一定每位投資人都認同，不過，我們是不是也曾經誤將2、3年獲利持續成長的企業視為成長型企業，而採用成長型企業投資的方式對其「長期持有」，但到最後才發現，我們所持有的所謂「成長型企業」充其量只是因為產業一時熱門，帶動整個業績的成長順便讓股價「振奮一下」，而並非成長型企業，至少，不適用於「不理會短期下跌可長期持有」的原則。

讀者可以回到章頭的圖形讓記憶加深，看吶！成長股的股價曲線是猶如波浪一樣上上下下一直向上揚，肯定企業是成股型企業只要牢牢的抱住不放就可以了，既不用像價值型的股票等股災發生才大舉買進，也不是像景氣循環股，高點沒有賣出的話，行情總是怎麼上去就怎麼下來，讓投資人白忙一場。

對於成長型股票費雪雖然沒有如歐尼爾和彼得·林區那樣在數字上給出明確的標準，但是他把成長企業的範疇以5到6年為一個單位，根據這個時期內的銷售和利益的成長來判斷是否是成長股。

比起有數字標準的成長率基準，費雪更把目光放在企業成長源泉的產品和服務的質量上，判斷個股時他時常會問以下五個問題：

①企業未來5到6年有能使企業銷售成長的產品或服務嗎？

②企業有開發新產品的意願嗎？

③為了開發，企業投入多少研究經費？

④企業有讓研究經費發揮作用的領導者（經營者，管理者）嗎？

⑤有充分的銷售力量嗎？

　　費雪從上述的問題做為判斷成長股投資的基準。除此之外，費雪更關心的是，「企業是否有能力繼續保持高獲利率。費雪指出「給投資人帶來真正大利益的是有很久歷史的高獲利大企業」。費雪是巴菲特的老師，他的這個投資原則，在巴菲特的投資上幾乎原封不動的繼承了下來。因此，真正讓巴菲特獲取大利益的公司都符合了：規模大、歷史久、獲利高、成長高的要點。

　　為什麼這些要點是未來獲利的保證呢？

　　我們拿新興企業兩者對照一下就清楚了——

　　新興公司為了確保將來的利益，會把現在利益的大部分投到研究經費以及促銷活動中。這樣的公司表面看來利潤率就不高，研究的時候要注意一下，為此費雪建議投資人，為了得到長期豐厚的利潤「不要投資利潤率低的企業」。所以，他的學生巴菲特在這一點幾乎得到他的真傳，巴菲特的投資傑作可口可樂幾乎不需每年編列一大堆的研發經費，把賺進來的錢分一大塊進行產品再開發，所以，賺進來的一塊錢就是一塊錢，相較於一般高科技產業，日新月異的新技術企業為了保有相當的競爭力，賺進來的一塊錢得保留很大的一部份做為研發以維持技術上的領先，如此，自然會讓收益利潤大打折扣。

　　巴菲特對企業的投資心態是「收購型」的，透過控股公司巴菲特一般情況下是全部收購企業，早期他偏好收購像是家電製品、地毯、百科全書、塗料、巧克力、冰淇淋、制服、運動鞋等這些所謂「街頭」的產業。在他投資的名單中是沒有科技股的。最近，他因投資生產油電車的比亞迪再度成為投資圈的焦點，接受媒體訪問時，他甚至毫不諱言的說，若不是因為比亞迪給他只有10%的投資上限，他將購買更多的比亞迪股票。

　　雖然有些電子業界的同業相當質疑比亞迪的經營手法，但這一項投資案卻極符合巴菲特的選股與投資邏輯，首先，他一向喜歡「街頭產業」；再者，他傾向以收購的方式買進企業的股票；最後，雖然也有人對巴菲特「這一次是否還可以很神準」提出質疑，不過，他一點也不擔心，因為他購買的股票總有其長期成長的理由。

　　巴菲特喜歡那些看起來平凡無奇的投資物件，大都是家庭用得到、看得到、日常需要使用的東西，他所買進的企業大都是每天經營著家庭及人與人面對面交易的事業，與此相對「華爾街」喜歡的投資標的就是那些看不到人的交易物件，比方說一粒晶片、一塊組合 0 與 1 的程式軟體，在華爾街的交易世界裡彷彿只有報價電腦和價格。

　　如果你想進行投資的不是像華爾街金融圈偏好的新科技、新時尚而是只用一般常識就能分辨好壞的生活派，要找出「成長股」有很難嗎？

　　其實也不然！

ROE的計算範例

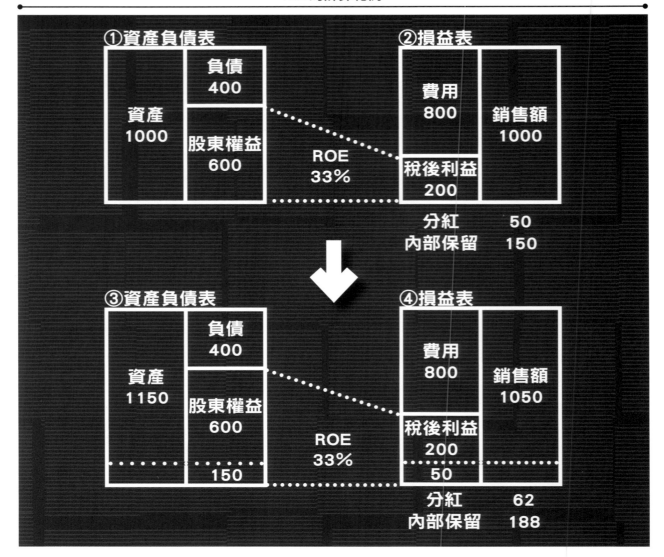

ROE（Return on Equity）股東權益報酬率，計算式是用稅後利益作分子，自己資本（股東權益）作分母來計算，是用來衡量股東用自己資本能產生出多少利益的指標。

如圖①所示的企業，在某一年資產是1000，負債400，股東資本600的資產負債表，在這種情況下產生了200的稅後利益。這時，ROE＝200÷600×100＝33％。

產生的稅後利益200中，假設給股東50的配息（即配息率是50÷200＝25％），剩下的75％的部分150（200×75％＝150）作為企業內部的「內部保留」。內部保留目的是作為下次的自己資本，包括以後的研究經費的投入、設備的購入以及新的投資使用。

進入下一個年度。資產負債表中的資產加上前一年的內部保留150如圖中的③所示變成1150。若企業的經營者很認真，還是讓ROE保持在33％，往回推由於自己資本增加到了750（＝600＋150），等於是稅後利益要成長為250（750×33％≒248，本例為了容易計算取整數250）。與前期的稅後利益200相比增加了50。計算一下成長率，用50÷200獲利成長率等於25％。

在250的利益中，若按照前期的配息率25％來給股東分紅的話（250×25％＝62），剩下的75％的部分是188（250×75％＝188）就可以作為下期的內部保留先放置在企業內，用作下一年度的經營。

歸納巴菲特與費雪挑選企業共同特徵有四點：

　　①經營著容易分析的事業。

　　②有長期展望。

　　③有誠實睿智的經營者。

　　④能用比較適當的價格買到手。

　　這樣，只要經營者進行積極的事業活動，資產負債表的自有資本部份就會不斷增加，企業就會產生與ROE相應的稅後利益，下一期的內部保留就會增加，成為下次產生利益的源泉。在這樣複利的效果下企業就會得到很大的發展（見ROE計算範例）。

(3) 消費者的壟斷力

　　接著來看巴菲特的成長股理論（繼承費雪的部分）。前面提到巴菲特對「街頭產業」的老經濟情有獨鍾。當然並不是說只要是有歷史的日常性企業就都可以。他很強調必須是在長期複利效力下利益持續成長並保持著高利潤率的企業。

　　高的利潤率是怎樣得來的？

　　巴菲特提出財富源泉－－消費者壟斷力。

　　消費者壟斷力是指什麼呢？例如「不便於長期使用和保存，有很強的品牌效力，人們不得不一再使用的產品行業」。

　　舉一個例子比如說可口可樂。

　　可口可樂在全球有難以數計的忠實粉絲；或者像製造信用卡的美國運通也一樣，「給企業或者個人提供日常生活所必需服務的行業。」

　　擁有消費者壟斷力的企業非常少。這種企業有著競爭對手很難參與的強大市場支配力，因此可以得到很高的壟斷利益。如果企業的經營者誠實優秀，可以把獲得的利益作為企業內部的研究開發經費和促銷售經費，製造出更好的產品並且獲得更大的利益。如此把利潤再投資便可以持續得到高成長率的利益，在這樣的複利效力下利益的絕對數額就會成長。

　　費雪十分看重「歷史悠久且利潤率高的大企業」就是因為這種複利效力！

　　而其中消費者壟斷力是高利潤率的來源。當然，還有經營者的商務能力也決定著投資的成功與失敗。

　　總之，歷史悠久的企業→消費者壟斷力→高利潤率→內部保留→再投資→技巧（經營者的能力）→大的利益→再投資……這樣反覆的商業過程長期保持，企業就能不斷不斷成長且股價上漲，投資者也可以得到豐厚的報酬。

(4) 經營者的資質

　　「經營者的資質」這個部份非常重要。

　　企業是由人經營的，在經營者的管理下，業績不佳的企業可能會起死回生，相反的，業績輝煌的企業也可能走下坡，經營者對企業的經營有很大的影響。價值股投資、景氣循環股投資，在各種各樣的投資方式中都要求經營者有相當的水準，不過，在成長股投資中「經營者」比其他類型投資的重要性佔更大的比例。可以說若沒有優秀的經營者就沒有優秀的成長企業。這個道理很容易理解，一家已經有歷史

成長企業的良性複利循環

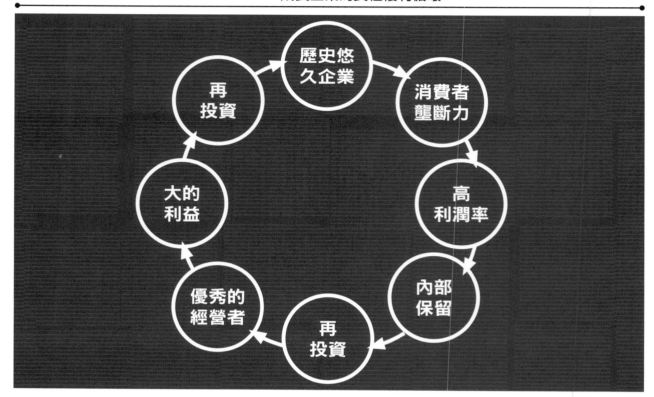

的企業只要選擇一位「不出錯」的管理者就能維持一定的獲利水準，但要讓股價入列「成長股」非得有頭腦、有衝勁、善機變且誠實可靠的人才行。所以，想買進「成長股」嗎？除了業績之外，也要了解老闆的風格與動態。

市場上還有一個不正規的說法，每當成長型股票的老闆頻頻上媒體的花邊版面，投資人一定要立刻拋售股票！雖然這沒有什麼統計數據佐證，可是就經驗上來看，還真是相當靈驗。

關於經營者的資質，它不像財報或投資指標可以用數據衡量。但一些投資大師們也提出他們具體的見解，例如，費雪便指出「只採用把研究經費和銷售額結合起來的經營手段不能

稱得上一個經營者」。股價上漲的背後是因著企業的變化，而這往往肇因於一位好的經營者。包括對股東有著強烈使命感的經營者、陷入困難時期也不隱瞞新聞的經營者、不讓公司內部人購買自己公司股票的經營者都有加分作用。總之，投資人必須隨時注意經營者是否是能讓企業維持成長。

企業成長後規模就會擴大，再優秀的經營者單憑一個人也很難通盤把握。因此，還需要培養有能力的高階管理人。重視企業經營面的費雪認為「良好的勞資關係、有能力的高階管理層、高明的自有技術團隊、培育管理層的環境……等等也是使企業成長的條件。每個判斷基準都不簡單，但是作為投資人，要注意投資

企業的薪資體系、轉業率、人才教育制度、製造技術、服務網、對顧客和客戶的態度等等。

巴菲特收購的企業中，幾乎沒有從業人員因為收購的因素而解雇或經營者替換的情況。

在收購後巴菲特對經營者只有一個要求，就是在經營企業時至少應該要有「把公司100％當成自己的東西，並有至少在100年間不會賣掉或合併」的覺悟，他希望經營者不是只顧慮到下個季度的利益（當然這一點也很重要），而是要能長期提高價值的經營，這是他所希望企業經營者的素質。

關於經營者的資質，歐尼爾在前面所提的「CAN-SLIM」投資法中的 "N"（New Product New Management,New Highs——新產品，新經營方，新的股票高價）提到「新經營方」。而在 "S"（Supply and Demand——股票的需求和供給）也論及經營方的見解。

先從「S」（股票的需求和供給）來看，歐尼爾指出，股價會因為需求和供給的影響上下波動，在選擇成長股的時候要儘量選擇小型股票。歐尼爾統計1953年到1993年的40年間股票上漲的個股裡，在利益成長和股價上漲兩方面都取得顯著成果的有一半以上的企業均屬發行股數少的小型股。

為什麼會有這種現象呢？

企業的規模一旦變大，經營風險就會變小，如此，對於經營者而言就缺乏危機感，而採取保守的管理方法。此外，企業變大後管理組織變得複雜，員工就不容易很好地把握顧客。成長企業的經營者不應只是單純的管理者，應該是富有企業家精神有野心的人物。能

以壓倒競爭對手之勢高速成長企業的經營者，應該朝氣蓬勃富於革新充滿速度感的經營。這樣的企業一般是服務業和技術領域。

接著是「N」（新產品，新經營方，新股票最高價）。歐尼爾統計1953年到1993年40年間股價上升最高的企業有９５％，在企業的體質上都發生一系列的新變化。「新的變化」是指，新產品或新服務或是企業所屬的產業制度和環境發生大的變化。

(5) 只投資1分鐘內說明清楚的企業

與費雪、巴菲特、歐尼爾相比，彼得·林區不太重視經營者的特性。他的方法是徹底一步一腳印的進行企業調查，所以，他一年要訪問200家以上的公司，看700份以上公司年報，而且這全是他一個人完成。

他採用這種「親力親為」的方式廣泛地瞭解業界的動向以及企業的利益水平，林區所管理的麥哲倫基金資產規模大幅擴大是在1983年，當年他召開了由證券分析師和基金經理人全員出席的會議，據說那時發表者的發言限制在3分鐘以內（之後被縮短到了1分半）。彼得·林區常說「只應該對即使是12歲的孩子也能在1分鐘介紹清楚的企業進行投資」，在麥哲倫基金的運用上也實行同樣的做法。

彼得·林區認為，股票投資比起科學更接近於藝術，而一位喜歡把什麼都數字化的人並不適合當投資者。他說，有關股票投資必要的知識只要小學四年級的計算能力就足夠了！

（連載第3回請見「投資達人vol.03」）

PHANTOM'S GIFT

幽靈的禮物

—馳騁金融市場的交易規則—

第2回

作者/（美）亞瑟・李・辛普森 （ARTHURL L.SIMPSON）
作者從1971年起成為芝加哥期貨交易所和前中美洲商品交易所成員，同時也是全美期貨協會的註冊場內交易員。他的興趣包括交易、飛行、無線電、電腦程式設計、音樂與環球旅行。

譯者 / 張志浩
曾在北美從事美國證券交易，本身也是美國交易商協會的會員、註冊經紀人、註冊投資顧問。1987年引進美國沃特財務集團（Halter Financial Group）進入中國，至今已成功輔導相當多中國民營企業在美國股市借殼上市，其專業成就在中國投資圈極負盛名。現任美國沃特財務集團上海代表處首席代表。

規則1：只持有正確的倉位。
規則2：正確的倉位加碼才能獲利。
規則3：巨量即是套現良機。
這是「交易圈中的幽靈」給的忠告，接受這份禮物，你的投資交易將重新開始，並走向令你無法想像的坦途。

第三章 規則1：只持有正確的倉位

持倉待漲是天經地義？
大師讓我們頓悟：
不要等出現損失才清除不正確的倉位
永遠不要等市場提醒你已經出錯
‥‥‥

我經常詢問幽靈，為什麼這個規則是如此重要時，幽靈總是說：「在合適的時間我會回答你的。」我記得我小時候也遇到過這種情況，當我向我的父親提出什麼要求的時候，總是在他心情好的時候最合適。這個時候終於到了，這是在１９９７年１０月，期貨市場出現了一波大行情。
‥‥‥

亞瑟：幽靈，你今天同意討論這個主題。我想知道為什麼今天是合適的日子？

幽靈：今天確實是探討這個規則的合適時間。穀物市場今天發生了一個出乎大多數交易者意料的變化。有些人站在正確的一方，可惜其中大多數人又太早套現。這裏我們來討論一下許多交易者今天所面臨的震驚局面。

很大一部分穀物期貨交易者今天經歷了我們所說的「死亡日」。大多數新手都在困惑：「我今天做錯了什麼？」我認為他們其實什麼也沒有做對，因為他們不知道什麼是正確的。

我並不是說所有的交易者都是眼前一團漆黑，我指的是那些不知道如何做的人，或知道一些原則卻不能在交易中有效執行的人。

交易第一步：排除所有走運因素

從一開始交易，就必須在正確的時間做正確的事情，我來闡述一下這個規則的重要性。

很多交易者，其中絕大多數是新手，難以想像市場會發生今天這樣大的變化。我常說，財富會待在令人意想不到的那一邊，更確切地說，失敗是在大多數人或者在我們腦子裏常識性的那一邊。

今天市場的意外變化有幾個原因——豐收的壓力巨大（在今天的這樣一個日子裏，你可以預想到來自於穀物生產商的拋售壓力），短期投機又進一步加劇了空方壓力。這種可能性是存在的。但是，在市場出現變化之前，許多交易者並沒有調整他們的交易。這就區分出了市場中的贏家和輸家。在今天，失敗的人的數量遠遠超過贏家。

由於今天蒙受的巨大損失，有些交易者會付不起他們下個月的汽車或房子分期貸款。他們甚至沒有想到，今天所發生的事的性質，僅僅是一種對市場可能性的判斷而已。他們過度持倉，也許他們本來有一個不錯的停損保護，但是他們卻忘記了告訴經紀人下停損單。

他們腦子裏所想的只是今天他們可以從市場中賺取多少。他們注定會是失敗者，這並不是因為他們不懂交易或者市場不好，而是因為他們無法自主。最糟糕的是，他們自己還沒有意識到這個問題。

夢想化為泡影無疑是令人悲哀的，但是更糟糕的是，他們付出了真金白銀的代價。有時候，你會在很短時間內損失鉅額財富，每一個交易員都體驗過這樣的事。但在很多情況下，交易者們在自己的計劃中卻沒有考慮過「如果我錯了怎麼辦」，他們的思考僅僅停留在對自己操作正確的期望上。

這種雙向思維，恰恰就是成為成功交易員的關鍵所在。在我的交易生涯中，這種思維方式一遍又一遍地被驗證。我將要告訴你的是交易的核心內容，沒有一個交易者會對別人吐露這些東西。那些失敗者之所以失敗，是因為他們從一開始就不知道市場的本質，不知道市場會不以自己的意志為轉移。這不是任何其他人的錯，只能是他們自己的責任。

六個月以前，我們開始在期貨論壇中提供最成功的交易策略之一。有一些讀者讀了我提供的內容，但不能明白這種提綱挈領的表達方法。因此我們將在本書中詳細剖析這些內容。

我從來不忍心面對一個無家可歸的人，我也經常在思考他們是如何淪落到身無分文的。

我同許多無家可歸者交談過，他們都有自己不幸的故事。在我們的一生中，我們都可能會有一些不幸的事發生。如果交易者不明白市場會給自己帶來什麼，他們就真的會朝無家可歸的那個方向走去。在交易中，如果你總是碰到壞運氣，你最後將被迫認賠出局。交易的一個基本要求就是：你必須提防這種霉運。如果你沒有對將發生的壞事做好計劃，你就不可能生存。我在交易的第一步，是把所有的走運的因素全部排除掉再說。

亞瑟：我知道你將要說什麼。我們是否需要用大字把這些內容醒目地標出？

幽靈：是的，非常需要這樣，但是讀者必須自己去真正理解我在對他們說什麼。這樣，他們不至於事到臨頭才明白我在說什麼。所以，我們在談論交易計劃時不要過分強調某些最重要的觀點，我們將把這些內容融入他們的交易計劃中。

對輸的那一面做好準備

有些人用自己的方式在做我所建議的事情，但他們一般視之為資金管理計劃，而不是交易計劃。每一個經紀人都試圖通過限制客戶對市場的介入程度來保護客戶，在這裏關鍵詞是「限制」。這些限制實際上是在倉位建立後，應對一些突發情況時的保護性行為。

我將在這裏提供兩個交易規則，它們都是成功的關鍵所在。每個交易計劃都必須基於徹底理解這些規則的基礎上。在我給出第一個規則前，我要特別強調：一、對於我所說的內容一定要正確理解；二、你要使這個規則成為你在交易中的第二天性。

在你理解了第一個規則並使之融入你的行為習慣改變之中後，我將闡述第二個規則。

為了更好地理解規則一，我需要先問你幾個問題。在斑馬線前，當行人綠燈亮起時，在過馬路之前，你會做什麼？

> 我常說，財富會待在令人意想不到的那一邊，更確切地說，失敗是在大多數人或者在我們腦子裏常識性的那一邊。

亞瑟：我在過馬路前，仔細觀察兩邊車輛。

幽靈：當然，這是正確答案。現在我們研究一下：雖然你以前每次過馬路前都注意觀察兩邊的車輛，但每次都沒有任何車輛闖紅燈，你會不會在以後過馬路時不再察看兩邊的車輛情況？無疑，你的答案會是：「當然不是」，你還是會小心翼翼。

我給了你什麼限制？是不是過馬路前保護生命的限制？當然是的。但是，在你過馬路遵守這些限制時，你並沒有意識到這一點。你並不知道你的行為是不是真的拯救了你的生命。

如果你在過馬路時沒有左右觀察，並丟掉了性命，你當然也不會知道你應該注意看一看。

這個限制有沒有告訴你，如果你仔細觀察了，就不會有汽車闖紅燈？結論當然不是的。那麼是否是你的經驗告訴你，汽車闖紅燈的可能性總是存在的？基於你在這方面的經驗，你作了這個假定。那麼這個假定發揮了什麼作用呢？基於一種可能性事件的基礎上，它為你制定了一個行為標準，不管這種可能性事件發生的機率究竟是大還是小。

我不想使你看到上面的這段話而走進迷宮，但交易的情況同你過馬路的情況是同樣道理。

我們必須做好假定什麼是可能發生的。只要這個可能性存在，我們就必須為這個可能性做好準備。這對於正確理解規則一非常重要。

如果你過馬路時從不看兩邊的車，結果出了車禍，那麼是不是太晚了？交易也是這樣。你必須對任何可能性進行自我保護，而不是僅僅準備應付自己認為的那些出現機率高的情況。

交易中會有出乎意料的情況發生，這種情況稱之為意外，是指它原本發生的可能性是很小的，就好比今天的穀物市場情況。如同有人送了一個意外的禮物給你，你並不期望這個禮物，但是因為你對意外有心理準備，你仍然會說「謝謝你！」。

多數交易員只對自認為可能性大的一面做了計

劃，也就是他們所考慮的獲利的一面。這是你在交易中可能犯的最大錯誤——你必須對輸的那一面做好準備。

交易者不是律師，根據的是假設非事實

你對於你的計劃的理解，決定了你在某些情況中會作出的反應。交易中你必須明白，當你被告知不要做某件事的時候，這並不意味你應該去做相反的事情。

經常有人向我回應，說我曾經告訴別人應該如何如何操作，而實際上我根本沒有說過這樣的話。舉例來講，我會告訴你今天不要拋售大豆，但我告訴你今天應該買進大豆了嗎？這夠愚蠢的吧，但是，很多交易者就是會這樣理解。所以我在這裏要強調正確的理解。

我們談了「假設」和「正確的」兩個概念，這對於理解規則一和規則二是必要的。否則，你就不能完全理解這兩個規則，並把它們運用到你的交易中。

亞瑟：讓我再來重複一下。當你說不要做什麼時，你並沒有告訴我必須做相反的事。看上去的確簡單。

當你說「假設」時，你告訴我基於某些事實之上的可能性存在，我必須承認這個可能性的存在，並為這個可能性做好準備。你所說交易的意外的一面是指它本來發生的可能性並不大。是嗎？

幽靈：這真的很簡單。在理解了我們的對話後，交易者對我們的規則應該有更清晰的認識。我不希望大家有任何誤解。

律師通常不是以「假設」的方式工作，他們會這樣詢問某個人：「這張照片中的人是誰？」當被告知是被告時，他們的第二個問題是：「在拍這張照片時你在那裏嗎？」在他們的眼裏，這是正確的資訊收集方法。但是，作為交易員，你必須有合適的假設，因為你不可能預知市場每天將如何變化。

多數情況下，交易對我們來講不是一個有優勢的遊戲，這也就是必須在交易中使用假設的原因。

在建倉和清倉時我們有交易執行成本，或者要承擔滑移價差（譯註：期望執行價格和實際執行價格的差別），交易佣金將從你的資本金中扣除。市場在很多時間內處於一個不可預測的模式中，短期和長期趨勢的確存在，但不是所有時間內價格都在按趨勢在運動。

正確的持倉方法是，當倉位被證明是正確的時候你才持有。要讓市場告訴你，你的交易是正確的，而永遠不要等它提醒你是錯誤的。你，作為一個好交易員，必須站在控制者的位置上。當你的交易結果變壞時，你必須能完全明白並告訴自己這一點。

當你的交易處於正確的方向時，市場會告訴你這點，你需要做的只是牢牢持倉。多數人所做的卻是與此正相反，他們是等市場告訴他們交易錯了的時候才停損清倉。想想這個問題。如果你不是自己系統地清除那些未被證明是正確的倉位，而等市場來告訴你：你的交易是錯誤的，這時候，你的風險就要高出很多。

在我們開始規則一之前，我先給你舉個例子。今天，你根據你的交易計劃，開盤後在6.30美元處賣空大豆，如果你的倉位沒有被證明是正確的，你必須清除這個倉位，從而降低你的風險。根據你的計劃，你自己應該知道什麼是「正確的」。

比如說，你認為大豆價格會在開盤後第一個小時內下跌5到8美分，你就有投機機會。但實際下跌卻不足3美分，所以，你在6.29美元處清倉。雖然這次交易有1美分的利潤，但並不證明這是一個好的交易。然而，你的清倉卻是一個好動作，因為你沒有等市場來告訴你這個交易是錯誤的。

如果你等待市場來告訴你這筆交易是錯的，你總是要付出更高的代價。你的停損位置未必是你可以執行平倉的位置，比如你想在6.42美元停損，但你也許要在6.45美元才能平倉。讓市場來告訴你交易是正確的，然後才持倉。換句話說，交易是「失敗者」遊戲，而不是「勝利者」遊戲（譯註：交易不是一個優勢遊戲，如果你沒有被證明是勝利者，你就是一個失敗者）。

你當然不想擁有一個永遠不能被證明是正確的倉位。但是,如果你要等市場告訴你這個倉位是錯誤的話,你也許需要很長時間,這也導致更高的風險。我們在這本書的後面會繼續澄清這些問題。

幽靈陳述規則一

現在我給出規則一:

在一個像交易這樣的失敗者遊戲中,我們在與大眾相敵對的立場開始遊戲,直到被證明正確以前,我們假定我們是錯的(我們不假定我們是正確的,直到被證明錯了)。

在市場證明我們的交易是正確的以前,已建立的倉位必須不斷減少和清除(我們讓市場去證明正確的倉位)。

非常重要的一點是,你必須理解我所說的平倉原則:當倉位未被證明是正確的時我們就平倉,我們沒有時間等到市場證明自己做錯的時候才去平倉。

我在這裏所說的操作方法同大多數交易者的想法有很大的差別。市場可能沒有證明倉位是正確的,同時也非常有可能並沒證明它是錯誤的。如果你等待,並希望市場最終會證明你是正確的,你可能在浪費時間、金錢和精力,因為你的交易可能是錯的。

如果交易沒有被證明是正確的,就要儘早平倉。等待一筆交易被證明是錯的,會產生更大的價格滑動,因為在那個時候,每一個人都已經獲得了相同的市場信息。

這個策略的另外的一個好處是,當市場沒有證明你是正確的時,你總是會毫不猶豫地採取行動。大多數交易者卻做著相反的事情,他們毫無作為,直到停損平倉,在那個時候,這不是他們自己主動去清倉的,而是市場迫使他們清倉。

你的思維方式應該是這樣:當你的交易正確時,你可以什麼也不做;而不是當你的交易不正確

使交易者能夠在市場上生・存・下・去,你得先對這個主題有所認識,再繼續討論交易的方法。

時,卻袖手旁觀!

我不想囉里囉嗦不斷地重複這個觀點,但是你讀得越多,你會更好地理解。這一點對於你成功地進行交易實在太重要了。在以後,這個規則將減少你的交易損失,並使你對於停損有著快速敏捷的反應。

一般情況下,當一次交易被證明是錯誤的,它總是會造成虧損。正確使用這個規則,可以使你的交易具備獲利能力,你不會因為做了被證明是錯誤的交易後精神沮喪(譯註:按照規則一執行的話,交易被證明錯誤前你已經清倉了),這使得你在以後的交易中有良好的心態。你在交易中會更加客觀,而不會讓負面的東西影響你的交易思想。是這樣的,只有正確的交易會對你的思想和行為不斷做正面的強化。

交易是失敗者的遊戲,善輸者最終會贏

亞瑟:幽靈,並不是每一個人都同意你的規則一。有些交易者認為規則一不適合他們。

幽靈:看看你是如何買一部新車的吧。經紀人對你說,你可以把你有可能購買的車開回去試一個月,如果你決定不買這輛車的話,你只要付租金就可以了。一個星期後,你決定不買這輛車,因為你覺得它對你不合適。你把它開回去,經紀人說你現在只需付80美元租金。

如果要等到證明這是一輛對你不合適的車子,也許要到幾個月以後,你不會因為要這個證明而把車子買下來並保有它。如果你真的這樣做了,那麼代價是高昂的。

大多數交易者保有他們的倉位,直到他們的交易被證明是錯的。我的觀點是,不要持有倉位,除非你的交易已經被證明是正確的。

亞瑟:你說得有道理。但是,誰能肯定一個壞交易不會轉變成好交易呢?

幽靈：這正是大多數交易者的想法。他們擔心在他們平倉後，市場開始朝他們原先期望的方向走。不過如果他們不早點認賠出場，那麼等市場越走越遠時，認賠出場也就變得更為困難。這種大額損失終究會有一天把你趕出市場。

規則一強調的是：你要使你的損失越小越好，認賠出場越快越好。這樣做不會總是正確的，但可以保證你能夠在這個遊戲中生存。

想像一下這樣的情況，一種是你每次交易時要嘛贏１０％，要嘛輸１０％，那麼長期你有１０％的機會贏錢；另一種是你持有一個倉位３個小時，除非在這段時間內你的交易被市場證明為正確的，否則你就平倉，這樣長期而言，你會有９０％的獲利機會。這兩種情況你會選擇哪一個呢？

大多數交易者不知道他們應該做什麼選擇。別忘了，交易者通常不知道交易實際上是一個失敗者遊戲，那些最善於輸的人最終會贏。

為什麼不做一個可以經得起時間考驗的決定來改變你的行為習慣獲得最好的遠期目標呢？交易不是賭博！把它作為你的一項生意，在最短的時間內獲得最大化的利潤，將風險程度降到最低。這就是規則一為你所做的事情。

亞瑟：看來，對於規則一我們需要進行更多的討論。

幽靈：當下一個意外行情來臨時，你必須已經執行規則一。有一件東西可以幫助交易者學會快速認賠出場，那就是巨大的交易損失。

亞瑟：是的，但這個行為習慣改變的代價太昂貴。我的妻子凱倫給出了關於規則一的另外一個例子。她說你不會先把衣服買回家，穿著它們直到它們被證明是不合適的衣服；相反，你在買之前，先會試穿衣服，以證明這對你是合適的衣服。我喜歡她的這個比喻。

幽靈：你看，日常生活你會儘量少花錢，儘量少浪費。為什麼你在交易中會有不同的行為呢？

亞瑟：答案是：在交易中，人性控制了我們。每個人都知道它們，而每個人都必須面對它們。它們是恐懼和貪婪。

幽靈：我們必須在交易中儘快排除情緒因素。如果你在建倉時沒有受到情緒的干擾，你就有了一個好的開端。

幽靈首先將規則一發表在期貨論壇上，一些交易者發表了回應。一位網名M.T.的交易者這樣說：

我讀了幽靈關於規則一的網路留言：倉位必須由價格確認，否則儘快平倉。我在交易中的做法是，建倉時，在線圖中確認停損點位置，當市場反轉時，我會在停損位清倉。停損位通常就是阻力位或支撐位，如果突破的話，將形成新的趨勢。

這就是說，在我建倉後，如果價格橫盤或略微下滑，但沒有觸及我的停損點，我會仍然持倉，因為我的交易規則沒有被打破。我以為這樣做就是按照規則一的方法做的。

我持倉不是因為價格變化確認了我的交易，而是因為價格沒有「確認」我的停損信號。我認為這就是幽靈的思想。我要告訴你的是，通過這樣的方法，我的每次交易損失都不大，這也只是我原本計劃的特點。

其實我在不自覺中違反了規則一。我以為我已經改變了行為模式，不過我的行為卻仍然是「不正確」的。我相信，其中的差別很微妙。

昨天晚上，我輾轉反側，思考我的交易。突然蹦出一個靈感（不要笑話我）。我很多次賠錢都賠在入市一個小時後或更長時間後，而在這個時間段內市場基本沒有大的波動，價格也沒有觸及停損點。我意識到，如果我在前１５分鐘就平倉的話，結果可能會更好。如果這樣做造成了損失，那麼也會比價格達到我的停損點所帶來的損失小。

這時我悟到了幽靈的真諦。我的交易並沒有在前１５分鐘被確認，雖然它沒有違反我的交易計劃，但也沒有被市場證明是正確的。趕快平倉！

於是，我開始重新審視過去３個月我所做的交易，計算如果我在１５到３０分鐘內按照正確的規則一的要求操作，盈虧情況究竟如何。結果是發現了兩種方法在結果上有著巨大的差別。

我知道馬後炮並不完全可靠，但它顯示的結果仍然是重要的。

我由衷地感謝幽靈。我仍然在學習，仍然在交易。我用５０００美金入市，做當沖交易，現在總體上稍有損失，但還能在市場中生存。有了規則一，讓我們拭目以待，看看會出現什麼改變。我會給你提供我的最新情況的。

（連載第3回請見「投資達人vol.03」）

· 國家圖書館出版品預行編目資料

出現了這樣的圖形，接下來多？空？
　　　　　　　　臺北市：恆兆文化，2009.07
面；21公分×28公分
ISBN　　978-986-6489-05-1　　　　　　（平裝）
1.股票投資 2.投資技術

563.53　　　　　　　　　　　　　98006225

投資達人VOL.02

出現了這樣的圖形，接下來多？空？

出版所 恆兆文化有限公司
　　　　Heng Zhao Culture Co.LTD
　　　　www.book2000.com.tw
發 行 人　張正
作　 者　恆兆文化編輯部
封面設計　尼多王
責任編輯　文喜
電　 話　＋886-2-27369882
傳　 真　＋886-2-27338407
地　 址　台北市吳興街118巷25弄2號2樓
　　　　　110,2F,NO.2,ALLEY.25,LANE.118,WuXing St.,
　　　　　XinYi District,Taipei,R.O.China
出版日期　2009年11月初版二刷
ＩＳＢＮ　978-986-6489-05-1（平裝）

劃撥帳號　19329140 戶名 恆兆文化有限公司
定　 價　168元
總 經 銷　聯合發行股份有限公司 電話 02-29178022